# Geometria para o Ensino Fundamental II

## Caderno de Atividades
## 9º ano

**Manoel Benedito Rodrigues**

*São Paulo*
2016

Digitação, Diagramação e Capa : Sueli Cardoso dos Santos - suly.santos@gmail.com
contato@editorapolicarpo.com.br

**Manoel Benedito Rodrigues**
Licenciado em Matemática pela Faculdade de Filosofia , Ciências e Letras de Moema
O autor é (ou foi) professor ou coordenador ou consultor de
Matemática de algumas das mais importantes escolas de São Paulo tais como:
Colégio Visconde de Porto Seguro, Colégio Uirapuru, Colégio Liceu Jardim,
Colégio Vértice, Colégio Bandeirantes.
É também autor da Coleção Exercícios de Matemática (Ensino Médio) e da série
Matemática nos Vestibulares (Vol.1 até Vol. 5), da Editora Policarpo.

**Dados Internacionais de Catalogação, na Publicação (CIP)**

**(Câmara Brasileira do Livro, SP, Brasil)**

Rodrigues, Manoel Benedito.
Matématica / Manoel Benedito Rodrigues.
- São Paulo: Editora Policarpo, **Ed. Preliminar - 2016**
ISBN:978-85-87592-67-5
1. Matemática  2. Ensino fundamental  3. Geometria Plana
I. Rodrigues, Manoel Benedito II. Título.

**Índices para catálogo sistemático:**

Todos os direitos reservados à:

**EDITORA POLICARPO LTDA**
Rua Dr. Rafael de Barros, 175 - Conj. 01
São Paulo - SP - CEP: 04003-041
Tel./Fax: (11) 3288 - 0895
Tel.: (11) 3284 - 8916

# Índice

| I | Áreas de algumas regiões planas.................................................................................1 |
| II | Teorema de tales...........................................................................................................39 |
| III | Semelhança de triângulos............................................................................................71 |
| IV | Teorema de Pitágoras...................................................................................................99 |
| V | Relações métricas.......................................................................................................151 |
| VI | Razões trigonométricas..............................................................................................169 |
| VII | Polígonos regulares....................................................................................................195 |
| VIII | Medidas.......................................................................................................................211 |

# I   ÁREAS DE ALGUMAS REGIÕES PLANAS

A área da região determinada por um triângulo (região triangular), por um retângulo (região retangular), etc, chamaremos também de área do triângulo, área do retângulo, etc.

Indicaremos a área por **A** ou por **S**. A área de um triângulo ABC indicaremos também por (ABC), de um quadrilátero ABCD por (ABCD) etc.

Neste capítulo vamos explorar as fórmulas mais elementares e **a**, **b**, **c**, **h**, etc representam medidas dos segmentos aos quais estes símbolos estiverem próximos.

Se nada for dito em contrário, considerar que a unidade das medidas indicadas na figura é o metro (m).

---

**A – Área de um quadrado de lado a**

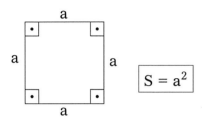

**B – Área de um retângulo de lados a e b**

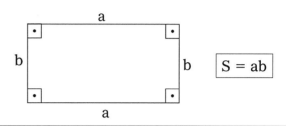

---

**C – Área de um triângulo retângulo de catetos b e c**

Note que é igual a metade de um retângulo de lados **b** e **c**.

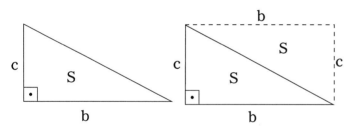

---

**D – Área de um paralelogramo com um lado b e altura relativa a ele igual a h**

Note que ele é equivalente a um retângulo de lados **b** e **h**.

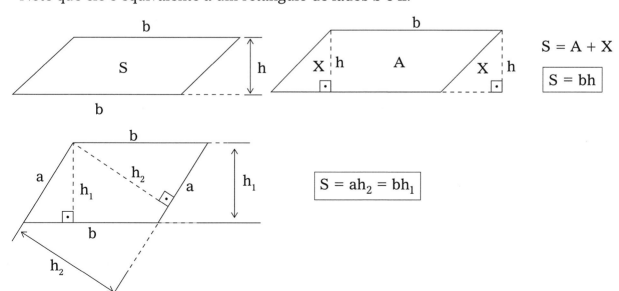

## E – Área de um trapézio de bases a e b e altura h

Note que é igual a metade de um paralelogramo de lado **(a + b)** e altura relativa igual a **h**.

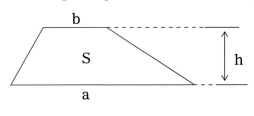
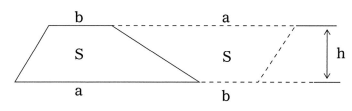

$$2S = (a + b)h \Rightarrow \boxed{S = \frac{(a + b)h}{2}}$$

---

## F – Área de um triângulo com um lado b e altura relativa a ele h

Note que é igual a metade de um paralelogramo com um lado **b** e altura relativa a ele igual a **h**.

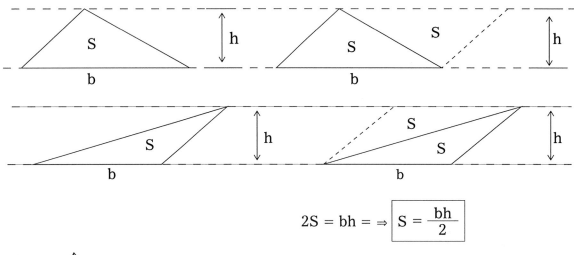

$$2S = bh \Rightarrow \boxed{S = \frac{bh}{2}}$$

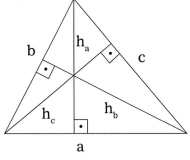

$$\boxed{S = \frac{a \cdot h_a}{2} = \frac{b \cdot h_b}{2} = \frac{c \cdot h_c}{2}}$$

---

## G – Área de um quadrilátero de diagonais a e b perpendiculares (inclusive losango e quadrado)

Note que é igual a metade de um retângulo de lados **a** e **b**.

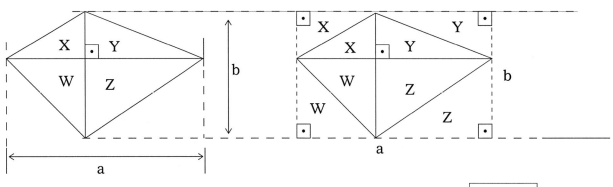

$$X + Y + Z + W = S \qquad\qquad 2(X + Y + Z + W) = ab \Rightarrow \boxed{S = \frac{ab}{2}}$$

Como o losango tem diagonais perpendiculares e o quadrado, que também é losango, também as tem perpendiculares, as suas áreas são dadas, também, pela metade do produto das diagonais.

Como todo losango é também um paralelogramo, a sua área também é dada pelo produto de um lado pela altura. Então:

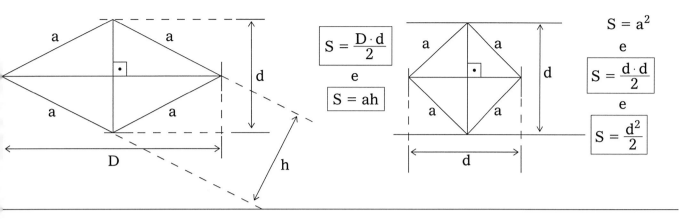

## H – Comprimento da circunferência e área do círculo de raio ($\pi = 3{,}14159265\ldots$)

Consequência imediata: Área da coroa

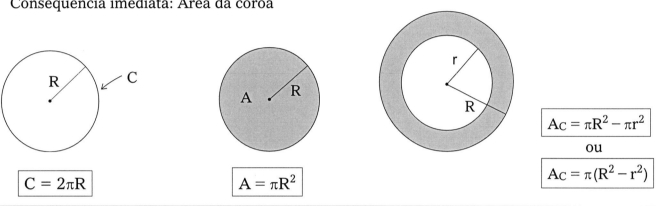

$$C = 2\pi R \qquad A = \pi R^2 \qquad A_C = \pi R^2 - \pi r^2$$
$$\text{ou}$$
$$A_C = \pi(R^2 - r^2)$$

## I – Área de um setor e comprimento do seu arco, sendo $\alpha$ (em graus) a sua medida.

Note que a área do setor é uma fração da área do círculo.

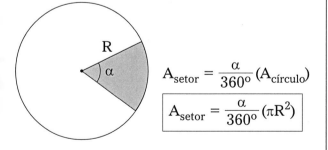

$$A_{setor} = \frac{\alpha}{360°}(A_{círculo})$$

$$A_{setor} = \frac{\alpha}{360°}(\pi R^2)$$

Note que o comprimento do arco é uma fração do comprimento da circunferência.

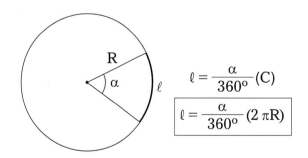

$$\ell = \frac{\alpha}{360°}(C)$$

$$\ell = \frac{\alpha}{360°}(2\pi R)$$

## J – Área de um setor com arco de comprimento $\overline{AB}$

Note que a área deste setor é uma fração da área do círculo. Do comprimento $C = 2\pi R$ estamos tomando $\ell$. Então:

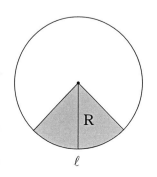

$$A_{setor} = \frac{\ell}{2\pi R}(A_{círculo}) \;\Rightarrow\; A_{setor} = \frac{\ell}{2\pi R}(\pi R^2) \;\Rightarrow\; \boxed{A_{setor} = \frac{\ell R}{2}}$$

## K – Triângulos equivalentes

Duas regiões planas de mesma área são chamadas equivalentes.

Triângulos de mesmas bases e alturas relativas iguais são equivalentes. Observe:

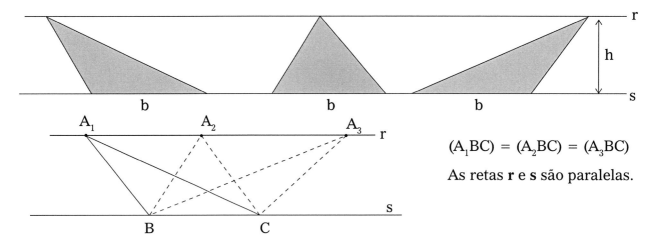

$(A_1BC) = (A_2BC) = (A_3BC)$

As retas **r** e **s** são paralelas.

Obs: Da mesma forma obtemos paralelogramos e trapézios equivalentes.

## L – Triângulos de mesma área em um trapézio

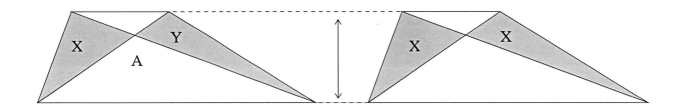

Note que (X + A) e (Y+A) são áreas de triângulos equivalentes.

Então:   $X + A = Y + A \Rightarrow \boxed{X = Y}$

## M – Razão entre áreas de triângulos de bases iguais ou alturas iguais

M1 – A razão entre as áreas de triângulos de bases iguais é igual à razão entre suas alturas.

$$\frac{S_1}{S_2} = \frac{\frac{b \cdot h_1}{2}}{\frac{b \cdot h_2}{2}} \Rightarrow \boxed{\frac{S_1}{S_2} = \frac{h_1}{h_2}}$$

M2 – A razão entre as áreas de triângulos de alturas iguais é igual à razão entre suas bases.

$$\frac{S_1}{S_2} = \frac{\frac{b_1 \cdot h}{2}}{\frac{b_2 \cdot h}{2}} \Rightarrow \boxed{\frac{S_1}{S_2} = \frac{b_1}{b_2}}$$

**Exemplo 1**: Determinar a área do polígono, nos casos:
(A unidade das medidas indicadas na figura é o membro(m)).

a)
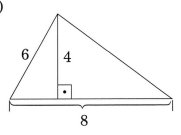
$$S = \frac{8 \cdot 4}{2} \Rightarrow S = 16$$
$$\boxed{16\ m^2}$$

b)
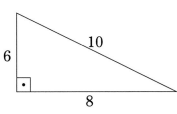
$$S = \frac{6 \cdot 8}{2} \Rightarrow S = 24$$
$$\boxed{24\ m^2}$$

c) Paralelogramo
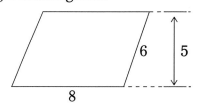
$$S = 8 \cdot 5 \Rightarrow S = 40$$
$$\boxed{40\ m^2}$$

d) Paralelogramo
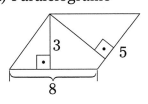
$$S = 8 \cdot 3 \Rightarrow S = 24$$
$$\boxed{24\ m^2}$$

e) Trapézio
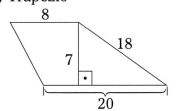
$$S = \frac{(20+8)\,7}{2} \Rightarrow S = 98$$
$$\boxed{98\ m^2}$$

f)
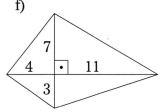
$$S = \frac{(3+7)(11+4)}{2} \Rightarrow \boxed{S = 75}$$
$$\boxed{75\ m^2}$$

**Exemplo 2**: Determinar o valor de x nos casos:

a)
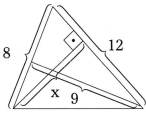
$$\frac{12 \cdot x}{2} = \frac{8 \cdot 9}{2} \Rightarrow 6x = 36 \Rightarrow$$
$$\boxed{x = 6}$$

b) Paralelogramo
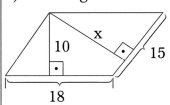
$$15x = 18 \cdot 10$$
$$3x = 18 \cdot 2 \Rightarrow \boxed{x = 12}$$

c) Losango
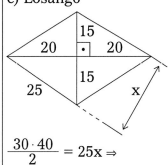
$$\frac{30 \cdot 40}{2} = 25x \Rightarrow$$
$$25x = 600 \Rightarrow \boxed{x = 24}$$

**Exemplo 3**: Dada a área do polígono, determinar x, nos casos:

a) Trapézio de 84 m²
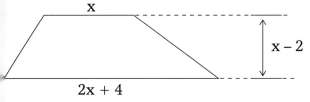
$$\frac{(2x + 4x + x)}{2} = 84$$
$$(3x + 4)(x - 2) = 168$$
$$3x^2 - 6x + 4x - 8 - 168 = 0$$
$$3x^2 - 2x - 176 = 0$$
$$\Delta = 4 + 2112 = 2116 = 46^2 \Rightarrow x = \frac{2 \pm 46}{6} \Rightarrow$$
$$\Rightarrow \boxed{x = 8}$$

b) Quadrilátero de 72 m²
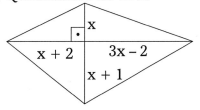
$$\frac{(x + 2 + 3x - 2)(x + x + 1)}{2} = 72 \Rightarrow$$
$$4x(2x + 1) = 144 \Rightarrow x(2x + 1) = 36 \Rightarrow$$
$$2x^2 + x - 36 = 0$$
$$\Delta = 1 + 288 = 289 \Rightarrow x = \frac{-1 \pm 17}{4} \Rightarrow \boxed{x = 4}$$

**Exemplo 4**: Resolver:

a) Determinar a área do círculo e o comprimento da circunferência, sendo 8 m o raio.

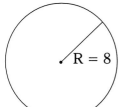

1) $A = \pi R^2$
$A = \pi 8^2 \Rightarrow \boxed{A = 64\pi}$
2) $C = 2\pi R$
$C = 2\pi 8 \Rightarrow \boxed{C = 16\pi}$

$\boxed{A = 64\pi \text{ m}^2 \ , \ C = 16\pi \text{ m}}$

b) Determinar a área de um círculo cuja circunferência tem $24\pi$ m

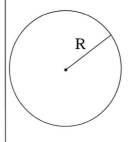

1) Cálculo de R
$C = 2\pi R \Rightarrow$
$24\pi = 2\pi R \Rightarrow \boxed{R = 12}$
2) $A = \pi R^2 \Rightarrow$
$A = \pi \cdot 12^2 \Rightarrow \boxed{A = 144\pi}$

$\boxed{A = 144\pi \text{ m}^2}$

c) Qual é a área de um setor de 72° de um de um círculo de 10 m de raio?

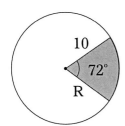

$A_{setor}$ é uma fração de $\pi R^2$

$A_S = \dfrac{\alpha}{360°}(\pi R^2) = \dfrac{72°}{360°}(\pi \cdot 10^2)$

$A_S = \dfrac{1}{5}(\pi \cdot 100) \Rightarrow \boxed{A_S = 20\pi}$

$\boxed{A_S = 20\pi \text{ m}^2}$

d) Qual é o comprimento de um arco de circunferência de 70° de um círculo de raio 18 m?

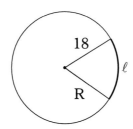

$\ell$ é uma fração de $2\pi R$

$\ell = \dfrac{\alpha}{360°}(2\pi R) = \dfrac{70°}{360°}(2\pi \cdot 18)$

$\ell = \dfrac{7}{36}(36\pi) \Rightarrow \boxed{7\pi}$

$\boxed{\ell = 7\pi \text{ m}}$

e) Qual é a área de um setor cujo arco mede $24\pi$ m e o raio mede 48 m?

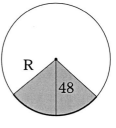

$\ell = 24\pi$

$A_S = \dfrac{\ell}{2\pi R}(\pi R^2)$

$A_s = \dfrac{\ell R}{2} = \dfrac{24\pi \cdot 48}{2}$

$\boxed{A_S = 576\pi \text{ m}^2}$

**Exemplo 5**: Na figura temos um trapézio e cada número no interior do triângulo é a sua área, em metros quadrados. Determinar **A** e em seguida **X**.

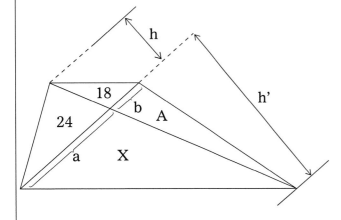

1) Como triângulos com mesmas bases e alturas tem áreas iguais, obtemos:

$X + A = X + 24 \Rightarrow \boxed{A = 24}$

2) $\begin{cases} \dfrac{ah}{2} = 24 \\ \dfrac{bh}{2} = 18 \end{cases} \Rightarrow \dfrac{a}{b} = \dfrac{24}{18} \Rightarrow \boxed{\dfrac{a}{b} = \dfrac{4}{3}}$

$\begin{cases} \dfrac{ah'}{2} = X \\ \dfrac{bh'}{2} = A \end{cases} \Rightarrow \boxed{\dfrac{a}{b} = \dfrac{X}{A}}$

Então: $\dfrac{X}{A} = \dfrac{4}{3} \Rightarrow$

$\dfrac{X}{24} = \dfrac{4}{3} \Rightarrow \dfrac{X}{8} = \dfrac{4}{1} \Rightarrow \boxed{X + 32}$

**1** Determinar as áreas dos seguintes quadrados (a unidade das medidas é o metro).

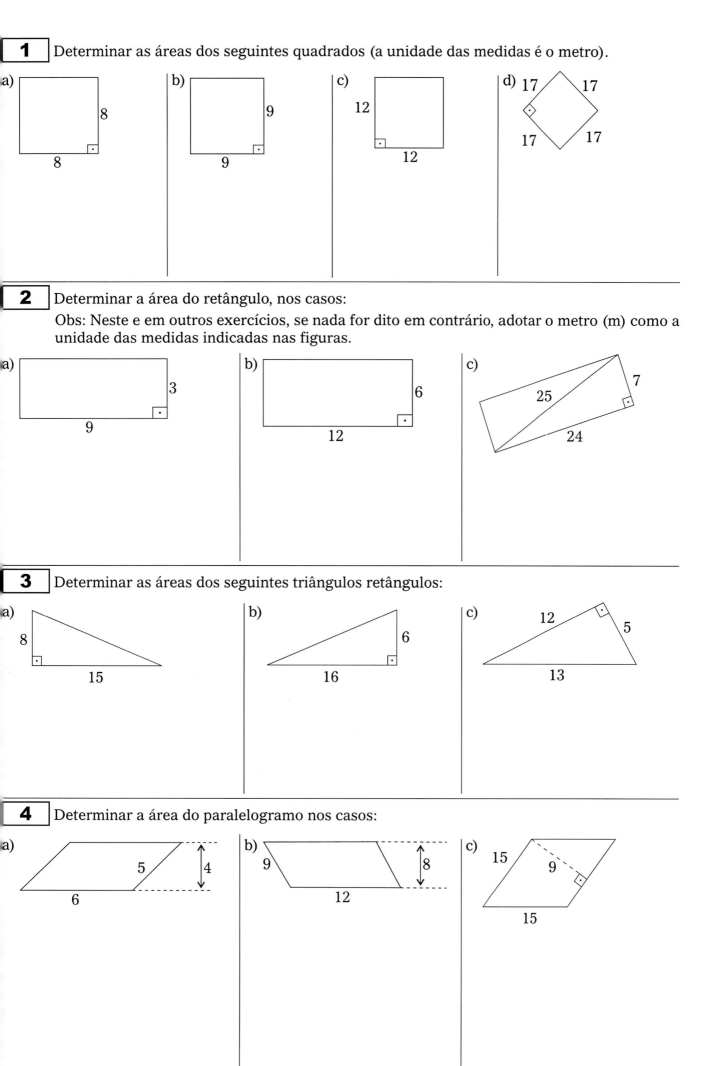

**2** Determinar a área do retângulo, nos casos:

Obs: Neste e em outros exercícios, se nada for dito em contrário, adotar o metro (m) como a unidade das medidas indicadas nas figuras.

**3** Determinar as áreas dos seguintes triângulos retângulos:

**4** Determinar a área do paralelogramo nos casos:

**5** Determinar a área do paralelogramo, nos casos:

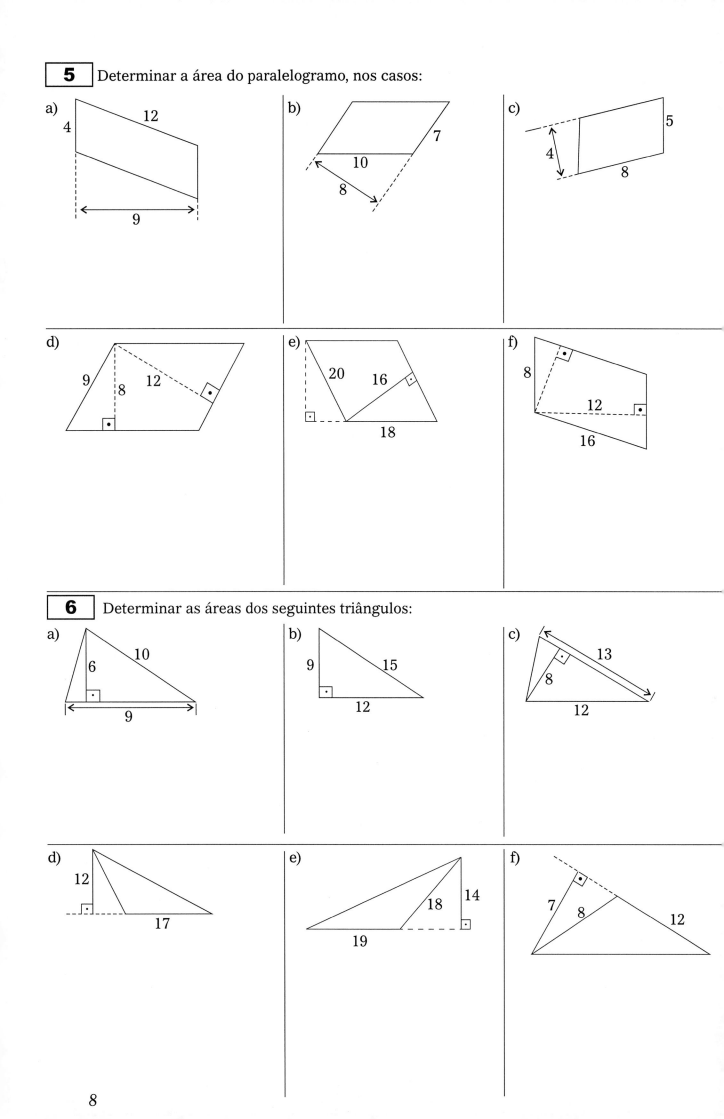

**6** Determinar as áreas dos seguintes triângulos:

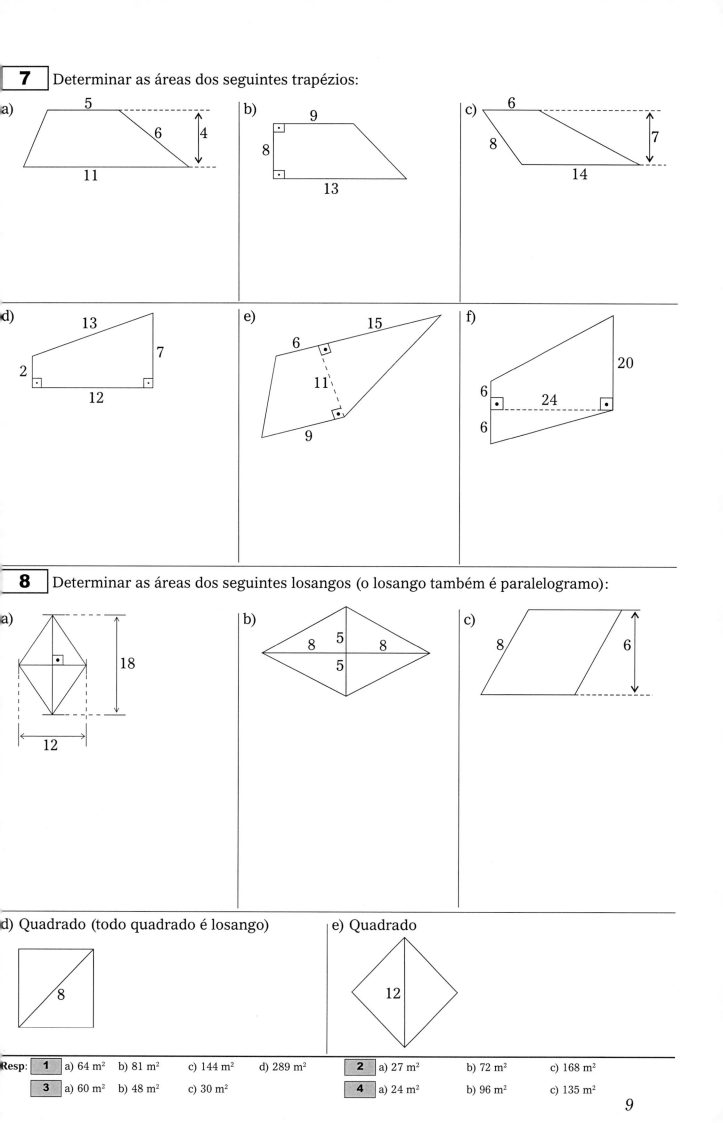

**7** Determinar as áreas dos seguintes trapézios:

**8** Determinar as áreas dos seguintes losangos (o losango também é paralelogramo):

d) Quadrado (todo quadrado é losango)

e) Quadrado

Resp: **1** a) 64 m² b) 81 m² c) 144 m² d) 289 m² **2** a) 27 m² b) 72 m² c) 168 m²
**3** a) 60 m² b) 48 m² c) 30 m² **4** a) 24 m² b) 96 m² c) 135 m²

**8** Determinar a área do quadrilátero de diagonais perpendiculares, nos casos:

a)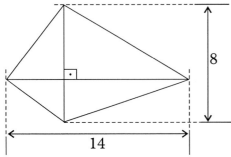

b)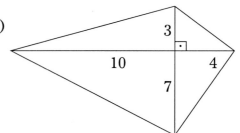

c)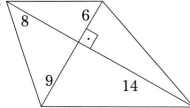

d)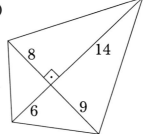

**10** Determinar a área do quadrilátero, nos casos:

a)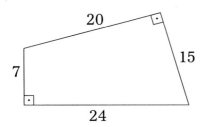

b)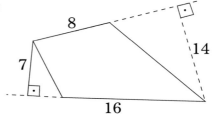

c)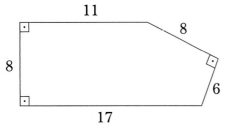

**11** Em cada caso é dada a área do polígono (região polígonal). Determinar a incógnita.

a) Quadrado de 121 m²

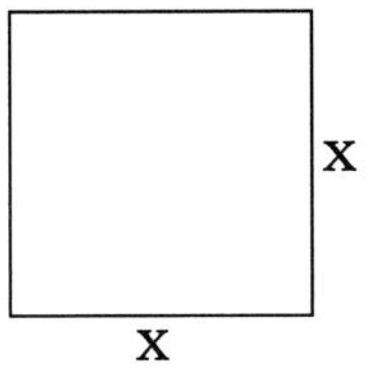

b) Retângulo de 72 m²

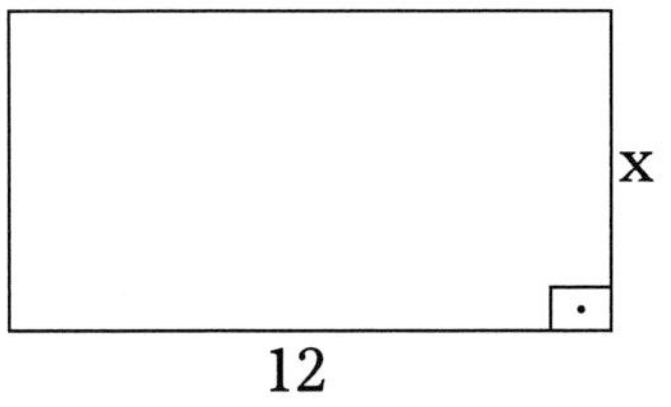

c) Paralelogramo de 45 m²

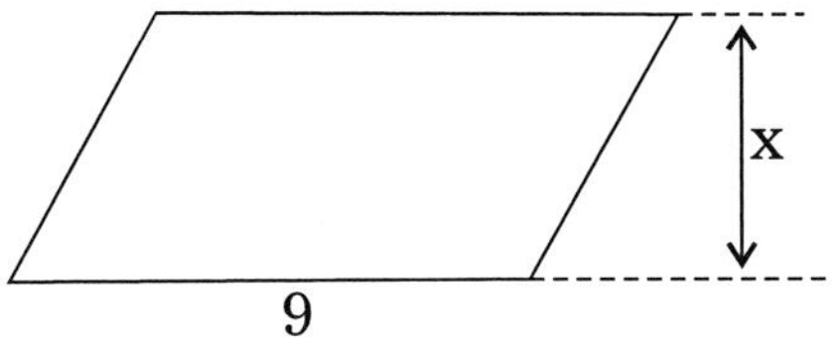

d) Paralelogramo de 36 m²

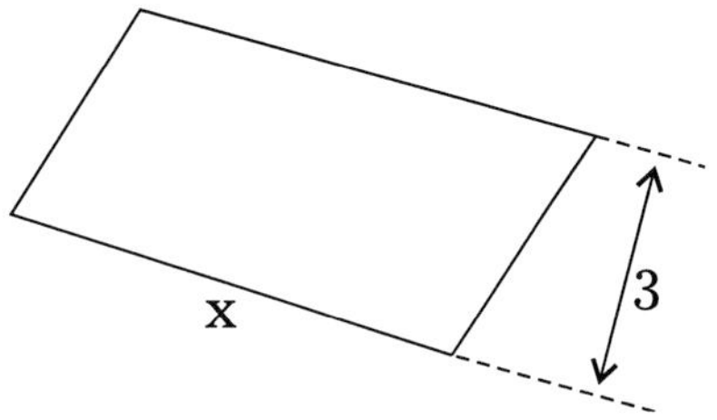

e) Trapézio de 48 m²

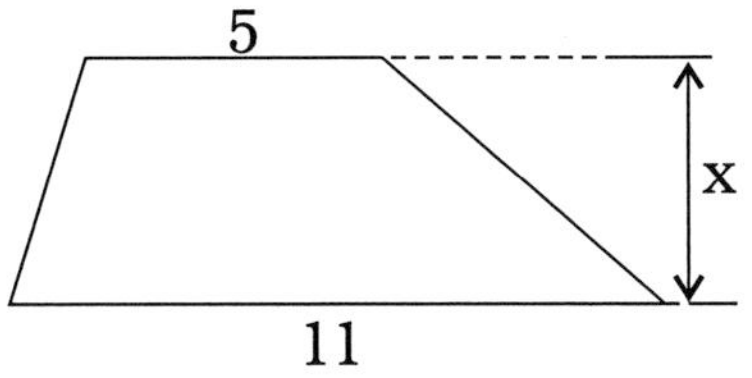

f) Trapézio de 51 m²

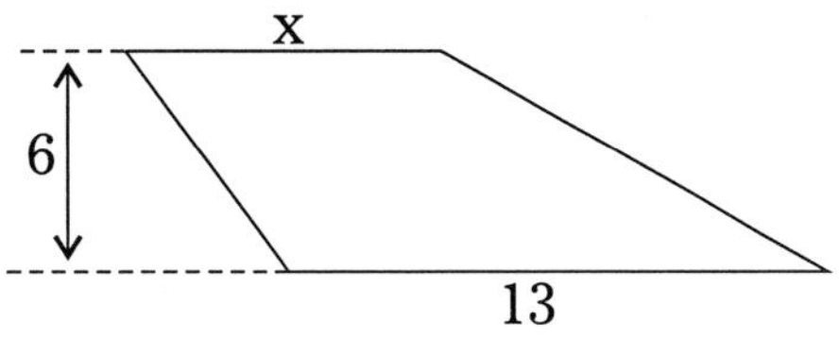

g) Quadrado de 50 m².

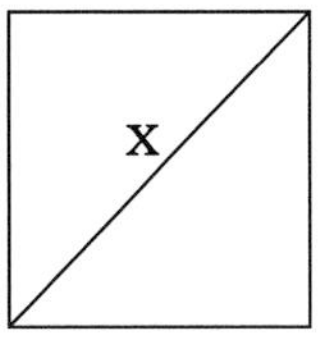

h) Quadrado de 288 m².

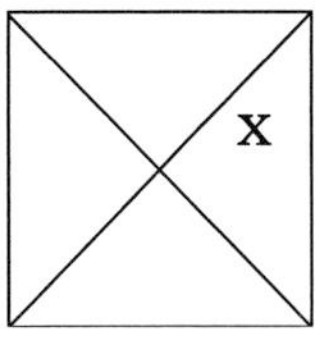

i) Trapézio de 140 m².

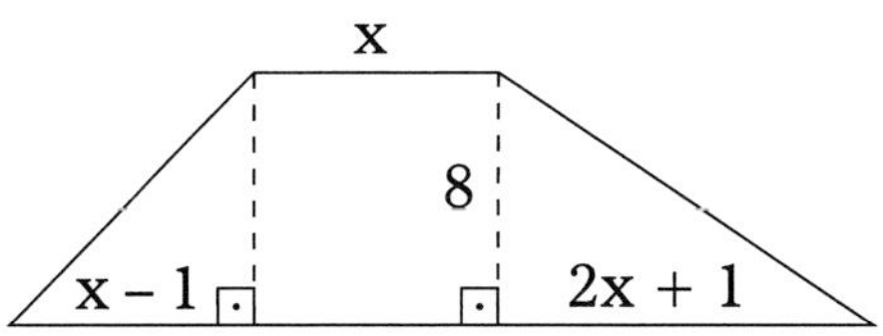

Resp: **5** a) 36 m²  b) 56 m²  c) 32 m²  d) 108 m²  e) 320 m²  f) 96 m²  **6** a) 27 m²  b) 54 m²  c) 52m²
d) 102 m²  e) 133 m²  f) 42 m²  **7** a) 32 m²  b) 88 m²  c) 70 m²  d) 54 m²  e) 165 m²  f) 384 m²
**8** a) 108 m²  b) 80 m²  c) 48 m²  d) 32 m²  e) 72 m²

**12** Em cada caso é dado a área do polígono, determinar a incógnita:

a) Losango de 42 m².

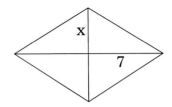

b) Losango de 54 m².

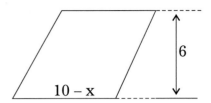

c) Quadrilátero de 65 m².

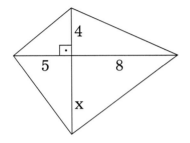

d) Quadrilátero de 72 m².

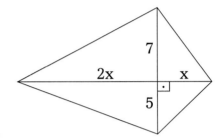

e) Quadrilátero de 171 m².

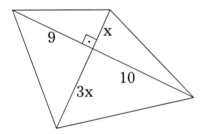

f) Quadrilátero de 110 m².

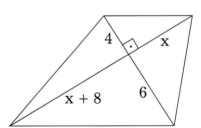

g) Trapézio de 56 m².

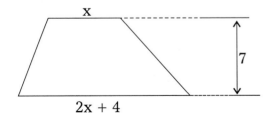

h) Trapézio de 216 m².

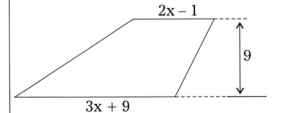

**13** Determinar as áreas dos seguintes polígonos:

a) Quadrado

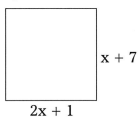

b) Quadrado

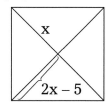

c) Losango

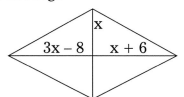

d) Losango

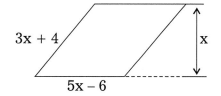

e) Retângulo

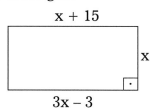

f) Retângulo

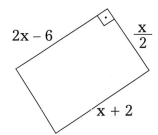

Resp: **9** a) 56 m² b) 70 m² c) 165 m² d) 170 m² **10** a) 234 m² b) 112 m² c) 136 m²

**11** a) 11 m b) 6 m c) 5 m d) 12 m e) 6 m f) 4 m g) 10 m h) 12 m i) 7 m

**14** Determinar a incógnita, nos casos:

a)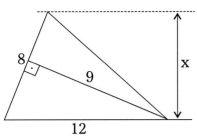

b)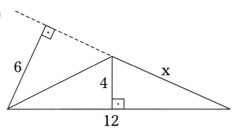

c)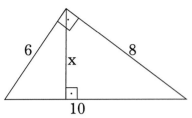

d)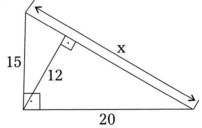

e) Paralelogramo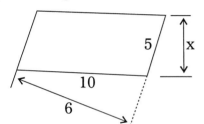

f) Paralelogramo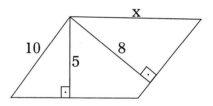

g) Paralelogramo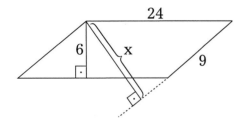

h) Paralelogramo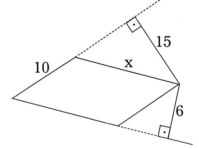

i)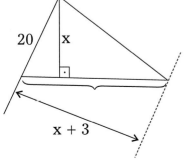

j)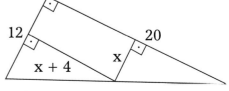

**15** Determinar a incógnita, nos casos:

a) Quadrilátero de 116 m².

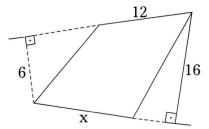

b) Pentágono de 120 m².

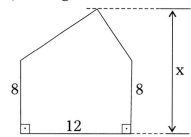

c) Retângulo de 48 m².

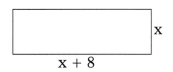

d) Paralelogramo de 54 m².

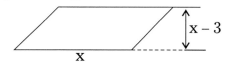

**16** Em cada caso temos um paralelogramo. Determine a sua área.

a) Paralelogramo

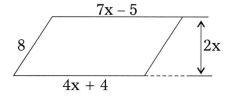

b) Paralelogramo

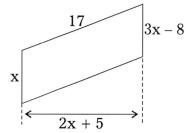

Resp: **12** a) 3 m  b) 1 m  c) 6 m  d) 4 m  e) 4,5 m  f) 7 m  g) 4 m  h) 8 m

**13** a) 169 m²  b) 50 m²  c) 182 m²  d) 95 m²  e) 216 m²  f) 40 m²

**17** Determinar o valor de x, nos casos:

a) Trapézio de 64 m².

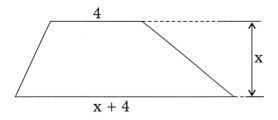

b) Quadrilátero de 42 m².

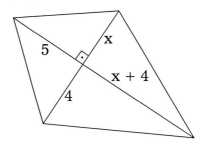

c) O retângulo maior tem 84 m².

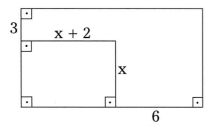

d) Quadrado inscrito em triângulo de 75 m².

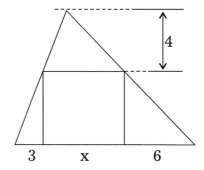

**18** Determinar o perímetro 2p e a área S dos seguintes polígonos:

a) Trapézio isósceles

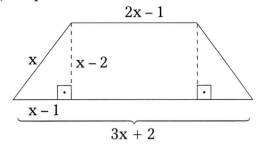

b) Trapézio isósceles

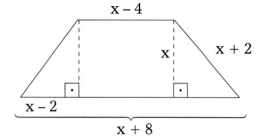

c) Paralelogramo

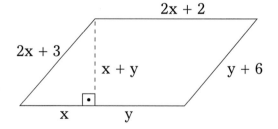

Resp: **14** a) 6 m  b) 8 m  c) 4,8 m  d) 25 m  e) 3 m  f) 16 m  g) 16 m  h) 25 m  i) 15 m  j) 6 m

**15** a) 10 m  b) 12 m  c) 4 m  d) 9 m  **16** a) 96 m²  b) 52 m²

**19** Determinar o perímetro 2p e a área S dos seguintes polígonos:

a) Losango

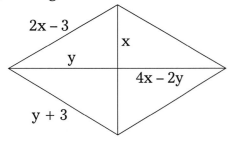

b) Trapézio isosceles

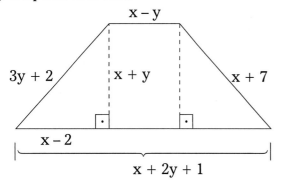

**20** Determinar a área do círculo e o comprimento da circunferência, nos casos:

a)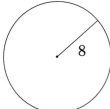

b)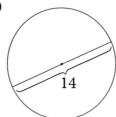

c)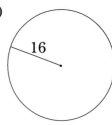

**21** Em cada caso é dado a área A do círculo ou o comprimento C da circunferência. Determinar o raio R.

a) $A = 121\pi \, m^2$

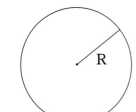

b) $C = 62\pi \, m$

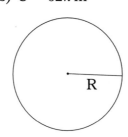

c) $A = 225\pi \, m^2$

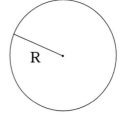

**22** Dada a área do círculo, determinar o perímetro (o comprimento) da circunferência, nos casos:

a) $A = 36\pi \, m^2$

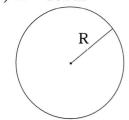

b) $A = 169\pi \, m^2$

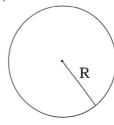

Resp: **17** a) 8 m   b) 3 m   c) 4 m   d) 6 m   **18** a) 36 m , 39 m²   b) 40 m , 80 m²   c) 50 m , 144 m²

**23** Dado o perímetro (o comprimento) da circunferência, determinar a área do círculo nos casos:

a) $C = 48\pi$ m

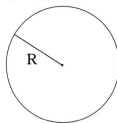

b) $C = 36\pi$ m

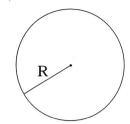

**24** Determinar a área da coroa circular, nos casos:

a)

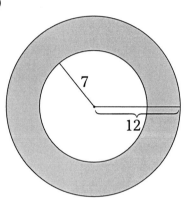

b)

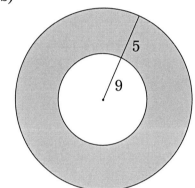

**25** Qual é a área de uma coroa cujas circunferências tem perímetros (comprimentos) de $50\pi$ m e $30\pi$ m?

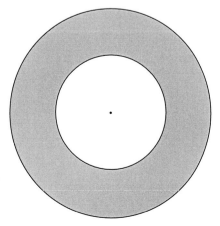

**26** Em cada caso a coroa tem $96\pi\ m^2$ de área, determine x:

a)

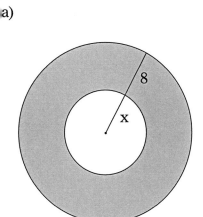

b)

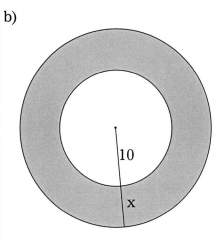

**27** A circunferência menor de uma coroa tem $32\pi\ m$ e a coroa tem $144\pi\ m^2$ de área. Qual é o comprimento da circunferência maior?

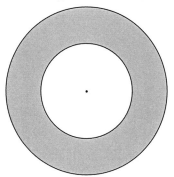

**28** Sendo 10 m o raio de uma circunferência, determine a área do círculo e o comprimento da circunferência, para o valor aproximado dado de $\pi$, nos casos:

a) $\pi = 3$     b) $\pi = 3,1$     c) $\pi = 3,14$

Resp: **19** a) 60 m, 216 m²     b) 60 m, 120 m²     **20** a) $64\pi\ m^2$, $16\pi\ m$  b) $49\pi\ m^2$, $14\pi\ m$  c) $256\pi\ m^2$, $32\pi\ m$

**21** a) 11 m     b) 31 m     c) 15 m     **22** a) $45\pi\ m$     b) $36\pi\ m$

**29** Dadas a área do círculo e a medida α em graus, do arco de um setor dele, determine a área do setor, nos casos:

a) $A = 270\pi \, m^2$, $\alpha = 80°$

b) $A = 288\pi \, m^2$, $\alpha = 150°$

c) $A = 200\pi \, m^2$, $\alpha = 216°$

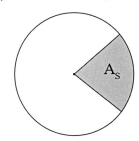
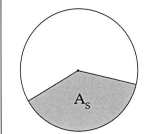
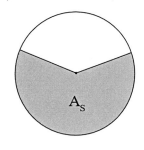

**30** Dados o comprimento da circunferência e a medida α, em graus, de um arco dela, determine o comprimento deste arco, nos casos:

a) $C = 540\pi \, m$, $\alpha = 70°$

b) $C = 216\pi \, m$, $\alpha = 130°$

c) $C = 279\pi \, m$, $\alpha = 160°$

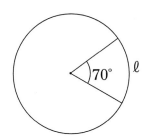
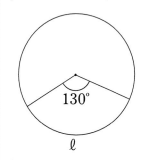
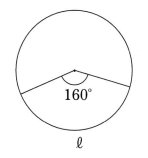

**31** Determinar a área do setor dados o raio e o comprimento do arco, nos casos:

a)

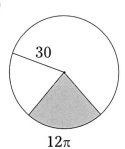

b)

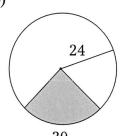

**32** Determinar a área do setor e o comprimento do arco correspondente, nos casos:

Obs: Lembre-se de que a **área do setor** é uma fração da **área do círculo** e que o **comprimento do arco** é uma fração do **comprimento da circunferência**.

a)
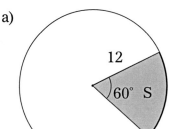

b)
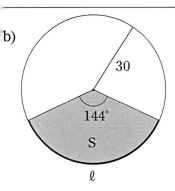

**33** Determinar o raio do círculo, nos casos:

a) Um setor dele, com arco de $4\pi$ m, tem $24\pi$ m² de área.
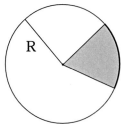

b) Um setor dele, de 45°, tem $32\pi$ m² de área.
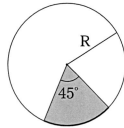

c) Um arco de 80° dele tem $36\pi$ m de comprimento.
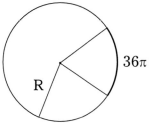

d) Um setor dele, de 108°, tem $270\pi$ m² de área.
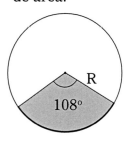

Resp: **23** a) $576\pi$ m²   b) $324\pi$ m²   **24** a) $95\pi$ m²   b) $115\pi$ m²   **25** $400\pi$ m²   **26** a) 2 m   b) 4 m
**27** $40\pi$ m   **28** a) 300 m², 60 m   b) 310 m², 62 m   c) 314 m², 62,8 m

**34** Determinar a medida em graus do setor do círculo, nos casos:

a) O círculo tem 25 m de raio e o arco do setor mede $10\pi$ m.

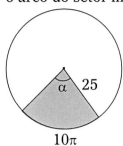

b) O círculo tem 18 m de raio e o setor tem $108\pi$ m² de área.

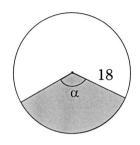

c) O setor tem $144\pi$ m² de área e o arco do setor mede $16\pi$ m.

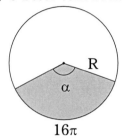

**35** Um setor, de 135°, de um círculo tem $54\pi$ m² de área. Quanto mede (em metros) o arco deste setor?

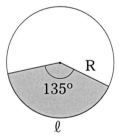

**36** Um setor de um círculo tem 24 m² de área e o perímetro deste setor tem 22 m de comprimento. Determinar o raio e o comprimento do arco do setor circular.

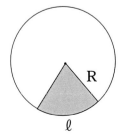

24

**37** Determinar a área **S** da região sombreada, nos casos:

a) Setor

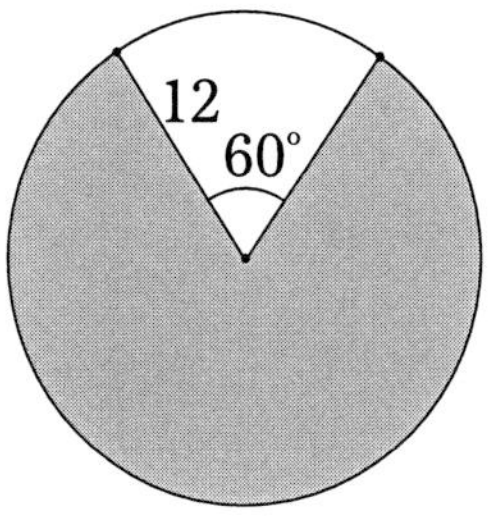

12, 60°

b) Setor

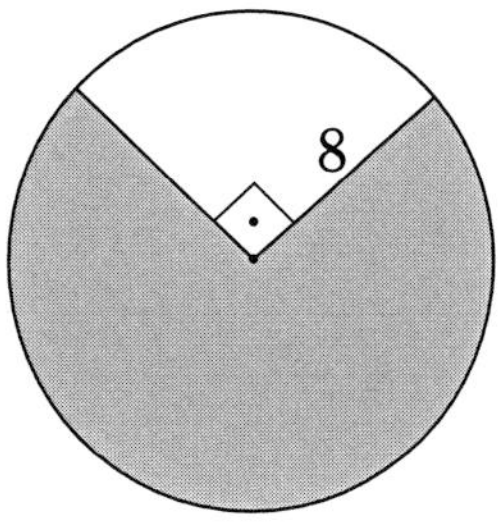

8

c) Setor

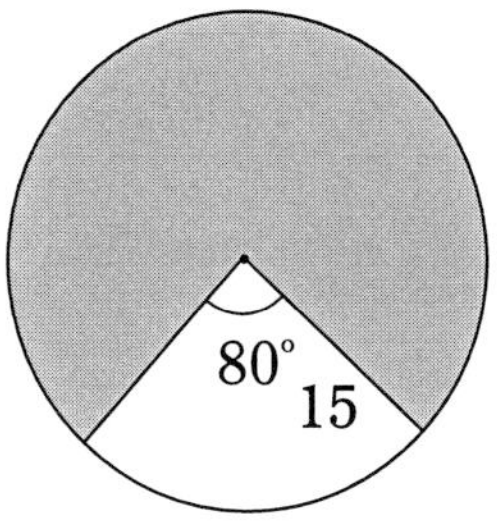

80°, 15

d) Setor

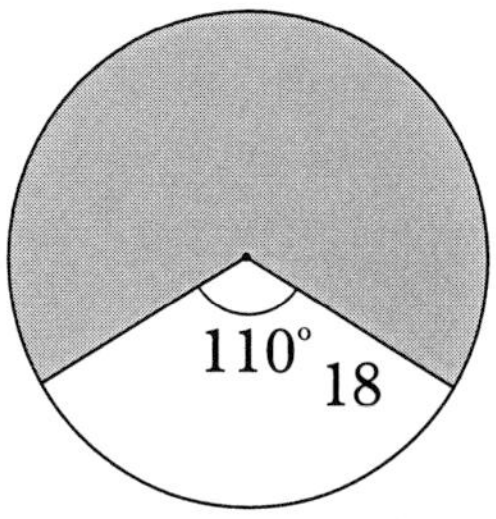

110°, 18

e) Segmento circular

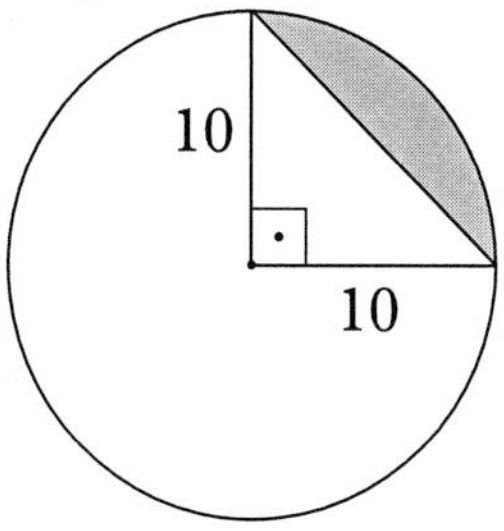

10, 10

f) Segmento circular

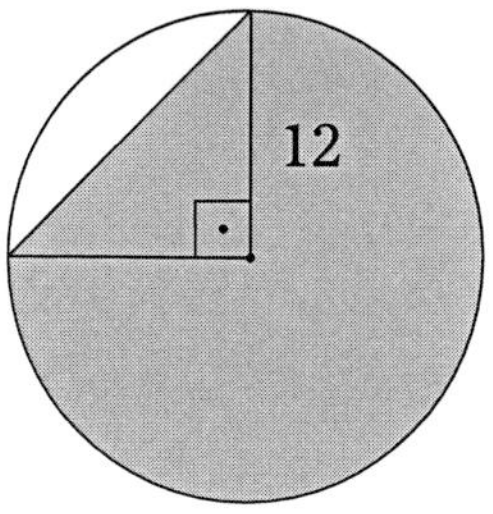

12

g) AB é diâmetro

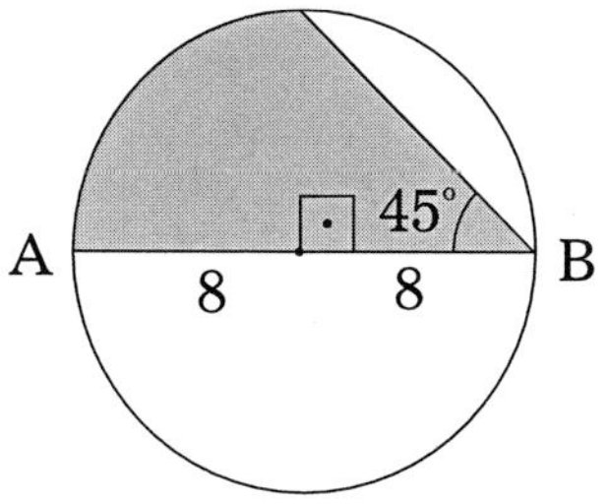

A — 8 — 8 — B, 45°

h) OABC é quadrado

C, B, 0, 14, A

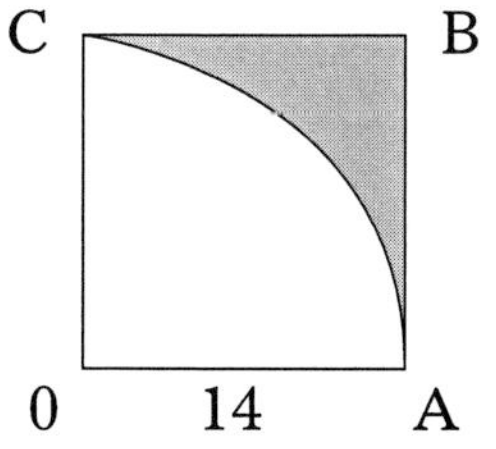

Resp: **29** a) $60\pi \, m^2$  b) $120\pi \, m^2$  c) $120\pi \, m^2$  **30** a) $105\pi \, m$  b) $78\pi \, m$  c) $124\pi \, m$  **31** a) $180\pi \, m^2$  b) $360\pi \, m^2$
**32** a) $24\pi \, m^2, 4\pi \, m$  b) $360\pi \, m^2, 24\pi \, m$  **33** a) $12 \, m$  b) $16 \, m$  c) $81 \, m$  d) $30 \, m$

**38** Em cada caso temos um círculo inscrito em um quadrado.

a) O quadrado tem 24 m de perímetro. Qual é a área do círculo?

b) O círculo tem $30\pi$ m de perímetro (comprimento da circunferência). Qual é a área do quadrado?

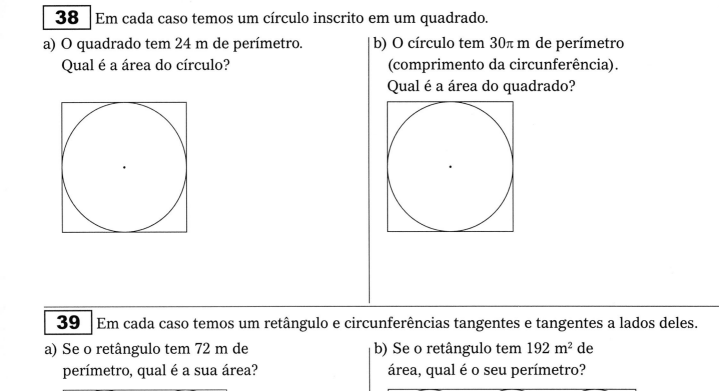

**39** Em cada caso temos um retângulo e circunferências tangentes e tangentes a lados deles.

a) Se o retângulo tem 72 m de perímetro, qual é a sua área?

b) Se o retângulo tem 192 m² de área, qual é o seu perímetro?

**40** Na figura temos duas circunferências, cada uma com o centro na outra, e tangentes a lados do retângulo. Se a região sombreada tem $9(4-\pi)$ m² de área, qual é a área do retângulo?

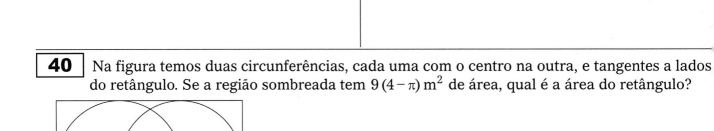

**41** Dada a área da região sombreada, determinar a área pedida, nos casos:

a) $36(\pi - 2)\,m^2$. Determinar a área do círculo.

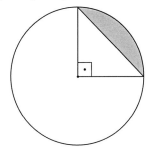

b) $36(4 - \pi)\,m^2$. O arco tem centro em O e o quadrilátero é um quadrado. Determinar sua área.

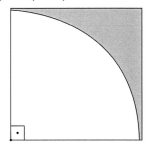

c) $64(\pi + 2)\,m^2$. Determinar o comprimento da circunferência de centro C.

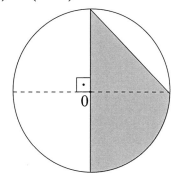

d) $81(3\pi + 2)\,m^2$. Determinar a área do círculo de centro **O**.

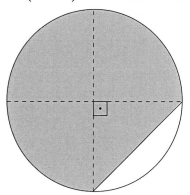

Resp: **34** a) 72°  b) 120°  c) 160°  **35** a) $9\pi\,m$  **36** R = 3, ℓ = 16 ou R = 8, ℓ = 6  **37** a) $120\pi\,m^2$  b) $48\pi\,m^2$  c) $175\pi\,m^2$  d) $225\pi\,m^2$  e) $25(\pi - 2)\,m^2$  f) $36(3\pi + 2)\,m^2$  g) $16(\pi + 2)\,m^2$  h) $49(4 - \pi)\,m^2$

**42** Resolver os seguintes problemas:

a) Qual é a área de uma sala quadrada com dimensão de 5 m?

b) Qual é a área de uma sala retangular com dimensões de 4 m e 8 m.

c) Determinar a área de uma sala quadrada com dimensão de 4,5 m

d) Determinar a área de uma sala retangular com dimensões de 3,5 m e 7,5 m.

e) Qual é a área de um quadrado de 52 m de perímetro?

f) Um retângulo tem um lado de 12 m e perímetro de 32 m. Qual é a sua área?

g) A medida de um lado de um retângulo excede a medida do outro em 5 m. Se ele tem 38 m de perímetro, qual é a sua área?

h) Dois lados de um retângulo são proporcionais a 3 e 5. Se ele tem 96 m de perímetro qual é a sua área?

i) Um lado de um retângulo excede o outro em 3 m. Se ele tem 40 m² de área, qual é o seu perímetro?

**43** Resolver os seguintes problemas:

a) Um retângulo tem 96 m² de área e uma dimensão é $144\pi$ m² da outra. Determinar as dimensões.

b) Um retângulo tem 70 m² de área e 34 m de perímetro. Determinar as dimensões.

c) Determinar a diagonal de um quadrado de 32 m² de área.

d) Determinar a diagonal de um quadrado cujo lado mede 6 m.

e) Se aumentarmos o lado de um quadrado em 5 m, a sua área aumenta 95 m². Qual é a área deste quadrado. (do original)?

f) Os lados oblíquos de um trapézio circunscritível medem 13 m e 15 m e o raio do círculo inscrito mede 3 m. Qual é a área deste trapézio?

Resp: **38** a) $9\pi$ m²  b) 900 m²   **39** a) 288 m²  b) 64 m   **40** 216 m²   **41** a) $144\pi$ m²  b) 144 m²  c) $32\pi$ m²  d) $324\pi$ m²

**44** Mostre que a soma das distâncias entre um ponto interno de um triângulo equilátero e seus lados é igual a altura h do triângulo.

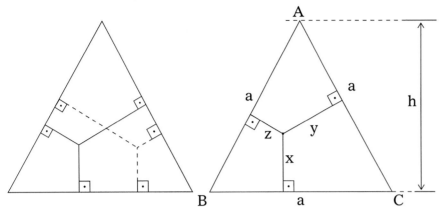

**45** Na figura temos uma circunferência com centro na hipotenusa de um triângulo retângulo, que tangencia os catetos, que medem 10 m e 15 m. Determine o raio desta circunferência.

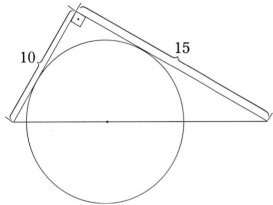

**46** Uma circunferência está inscrita em um triângulo retângulo com catetos de 8 m e 15 m e hipotenusa de 17 m. Determine o raio desta circunferência.

1º **modo**: (Segmentos tangentes congruentes)

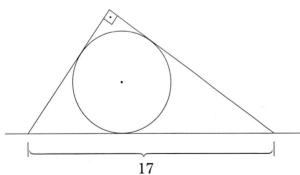

2º **modo**: (Por áreas)

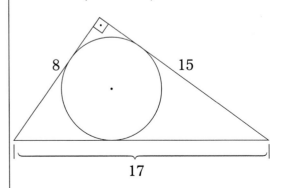

**47** Sabendo que as áreas de triângulos de alturas iguais são proporcionais as bases, sendo 54 m² a área do triângulo ABC e r e s paralelas, determinar as áreas pedidas, nos casos:

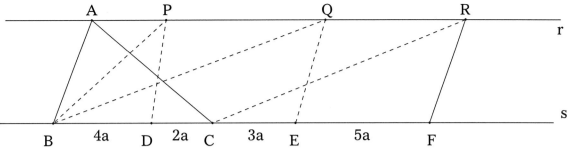

a) (PBD)

b) (QBE)

d) (RCF)

d) (RBF)

**48** Sabendo que as áreas de triângulos, de mesma base são proporcionais às alturas, sendo 60 m² a área do triângulo ABC, determinar as áreas pedidas, nos casos:

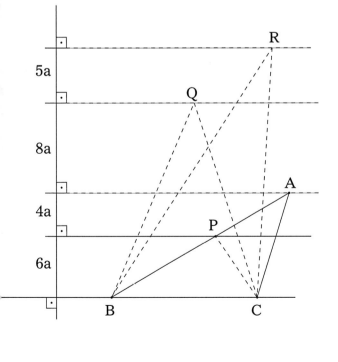

a) (PBC)

b) (QBC)

c) (RBC)

Resp: **42** a) 25 m²  b) 32 m²  c) 20, 25 m²  d) 26, 25 m²  e) 179 m²  f) 48 m²  g) 84 m²  h) 540 m²  i) 26 m

**43** a) 12 m, 8 m  b) 7 m, 10 m  c) 8 m  d) $6\sqrt{2}$ m  e) 49 m²  f) 84 m²

**49** Se a área da região sombreada é k, qual é a área do triângulo ABC?

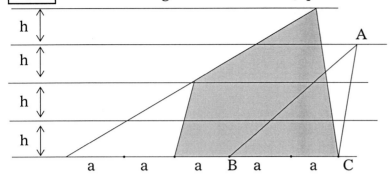

**50** Como triângulo de bases iguais e alturas relativas a elas também iguais tem a mesma área, podemos afirmar que cada mediana de um triângulo divide o triângulo em duas partes de áreas iguais. Observe:

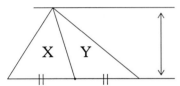 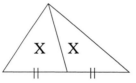 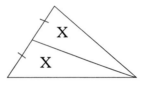 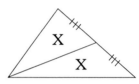

Como consequência podemos afirmar que as diagonais de um paralelogramo determinam nele quatro triângulos de áreas iguais. Note que cada metade de diagonal é mediana dos triângulos que a outra determina no paralelogramo (as diagonais de um paralelograma se cortam ao meio).

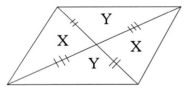 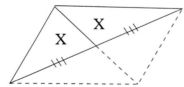 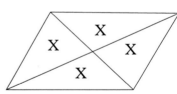

Ainda como consequência, mostre que as medianas de um triângulo determinam nele 6 triângulos de áreas iguais.

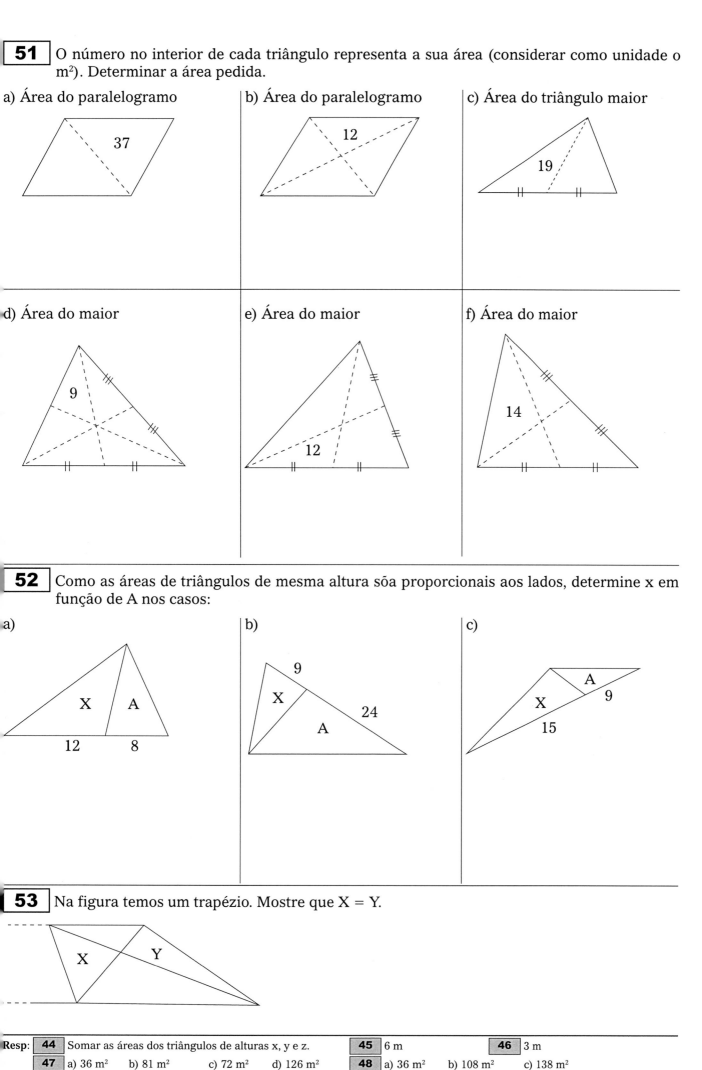

**54** Na figura temos um trapézio. Através da sugestão dada pelas figuras, determinar a área x.

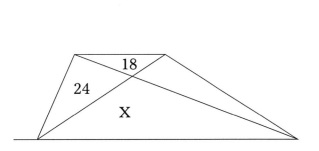
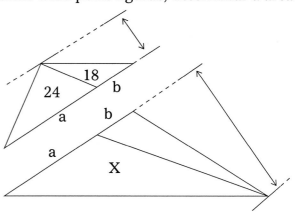

**55** Na figura temos um trapézio. Determinar uma relação entre X, A e B.

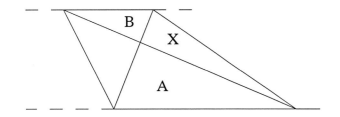

**56** Na figura temos dois triângulos com duas alturas de um iguais a duas alturas do outro. Determinar suas áreas em função das medidas indicadas nas figuras.

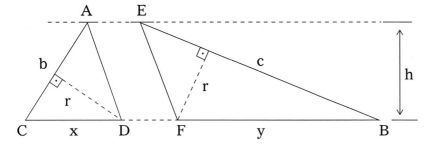

**57** Na figura AS é bissetriz interna do triângulo ABC. Levando em conta as medidas indicadas na figura, determinar a razão $\frac{x}{y}$.

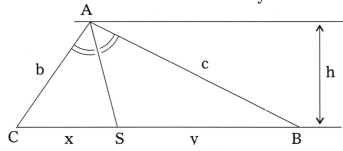

**58** Na figura temos dois triângulos com duas alturas de um iguais a duas alturas do outro. Determinar as suas áreas em função das medidas indicadas nas figuras.

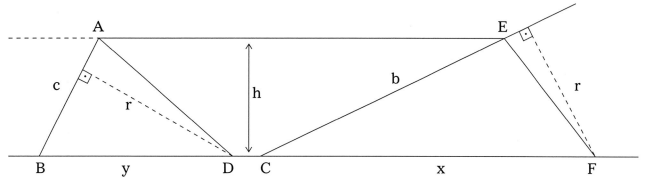

**59** Na figura AS' é bissetriz externa do triângulo ABC. Levando em conta as medidas indicadas nas figuras, determinar a razão $\dfrac{x}{y}$.

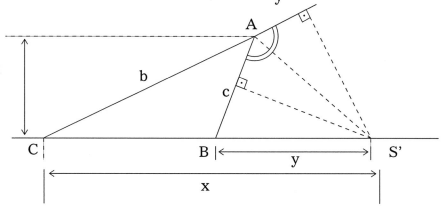

**60** Na figura temos um trapézio. Indicar as áreas (X + A) em função das medidas indicadas na figura.

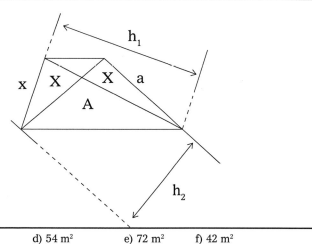

Resp: **49** $\dfrac{3k}{8}$  **51** a) 74 m² b) 48 m² c) 38 m² d) 54 m² e) 72 m² f) 42 m²
**52** a) $\dfrac{3}{2}A$ b) $\dfrac{3}{8}A$ c) $\dfrac{5}{3}A$

**61** Na figura temos três retas paralelas cortadas por duas transversais, determinando três trapézios. Determinando as áreas (X + A) e (Y + B) em função das medidas indicadas na figura, determinar uma relação entre **x**, **y**, **a** e **b**.

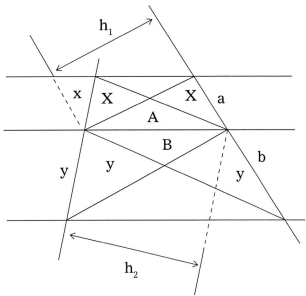

**62** Considere em cada caso um triângulo retângulo de catetos **b** e **c** e hipotenusa **a**. Observando que a área do quadrado maior é a soma das áreas das partes internas a ele, determinar uma relação entre **a**, **b** e **c**.

a) Vamos prolongar os catetos e obter um quadrado de lado (b + c).

b) Vamos construir um quadrado de lado a contendo 4 triângulos retângulos, determinando um quadrado de lado (b − c).

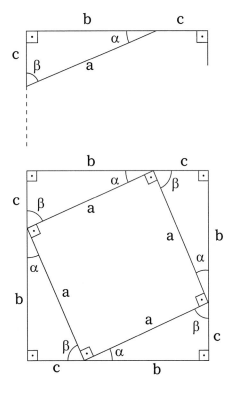
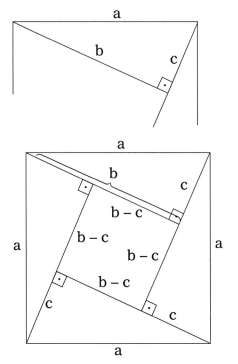

**63** Na figura temos um paralelogramo e por um ponto de uma diagonal são traçadas retas paralelas aos lados. Determinar uma relação entre as áreas X e Y das regiões sombreadas.

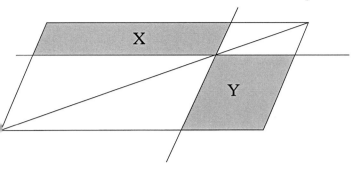

**64** Na figura temos um triângulo dividido, por cevianas que passam por um mesmo ponto, em 6 triângulos. O número indicado no interior de 4 deles expressa a sua área. Determinar as áreas X e Y do outros dois triângulos e também área **S** do triângulo maior.

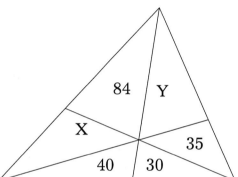

Resp: **54** 32 m² **55** $X = \sqrt{AB}$ **56** $(ACD) = \frac{xh}{2} = \frac{br}{2}$, $(EBF) = \frac{yh}{2} = \frac{cr}{2}$ **57** a) $\frac{x}{y} = \frac{b}{c}$
**58** $(ABD) = \frac{yh}{2} = \frac{cr}{2}$, $(CEF) = \frac{xh}{2} = \frac{br}{2}$ **59** $\frac{x}{y} = \frac{b}{c}$ **60** $X + A = \frac{xh_1}{2}$, $X + A = \frac{ah_2}{2}$
**61** $\frac{x}{y} = \frac{a}{b}$ **62** a) $a^2 = b^2 + c^2$ b) $a^2 = b^2 + c^2$ **63** $X = Y$ **64** $X = 56$, $Y = 70$

# II  TEOREMA DE TALES

## A – Segmento proporcionais

Neste texto os segmentos considerados serão não nulos, isto é, dado o segmento AB, ou dado $\overline{AB}$, considerar que A ≠ B.

Notações:

$\overline{AB}$ = segmento de extremidades A e B = segmento AB.

AB = medida do segmento AB = medida de $\overline{AB}$.

Obs: 1)  Em alguns enunciados os símbolos $\overline{AB}$ e AB podem ser usados indistintamente para representar o segmento ou sua medida.

   2)  Letra minúscula próxima a segmento pode representar o segmento ou a sua medida.

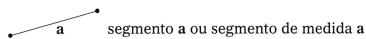    segmento **a** ou segmento de medida **a**

### A1 – Razão entre segmentos

É igual à razão entre suas medidas tomadas em uma mesma unidade.

$$\overline{AB} : \overline{CD} = \frac{\overline{AB}}{\overline{CD}} = \frac{AB}{CD}$$

$$\frac{\overline{AB}}{\overline{CD}} = \frac{24u}{16u} \Rightarrow \frac{\overline{AB}}{\overline{CD}} = \frac{3}{2}$$

Dizemos também que $\overline{AB}$ e $\overline{CD}$ são proporcionais (diretamente proporcionais) a 3 e 2 e podemos escrever $\frac{\overline{AB}}{3} = \frac{\overline{CD}}{2}$.

### A2 – Segmentos proporcionais

Se as medidas de dois (ou mais) segmentos são proporcionais às medidas de outros dois (ou mais) segmentos, dizemos que estes segmentos são proporcionais a esses outros.

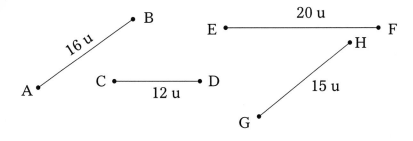

$$\frac{16}{12} = \frac{20}{15} = \frac{4}{3} \Rightarrow$$

$$\frac{AB}{CD} = \frac{EF}{GH} \Rightarrow \frac{\overline{AB}}{\overline{CD}} = \frac{\overline{EF}}{\overline{GH}}$$

### A3 – Razão em que o ponto P divide o segmento AB

1) **P** está entre **A** e **B** (P ∈ $\overline{AB}$, P ≠ A, P ≠ B)

Nestas condições, se $\frac{AP}{PB} = k$, com **k** sendo um número real positivo, dizemos que o ponto P divide o segmento AB internamente na razão k.

$$\boxed{\text{P divide } \overline{AB} \text{ na razão k}} \Rightarrow \boxed{\frac{\overline{AP}}{\overline{PB}} = k}$$

2) **P** está na reta AB porém fora de $\overline{AB}$.

Nestas condições, se $\dfrac{AP}{PB} = k$, com k sendo um número real positivo e diferente de 1, dizemos que o ponto **P** divide o segmento AB externamente na razão k.

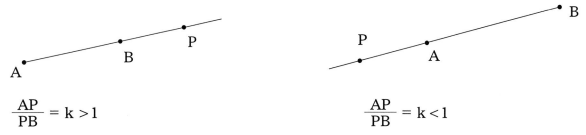

$\dfrac{AP}{PB} = k > 1$ $\qquad\qquad\qquad\qquad\qquad$ $\dfrac{AP}{PB} = k < 1$

Obs: Em um outro contexto a razão **k** será positiva se **P** está em $\overline{AB}$ e negativa se P está fora de $\overline{AB}$. Por exemplo, em Geometria Analítica.

---

**Exemplos:**

1) Os pontos A, B, C, D, E e F estão, nesta ordem, sobre uma reta (eles são colineares). Levando em conta as medidas indicadas na figura, determine as seguintes razões:

$\dfrac{AB}{BC}$, $\dfrac{BC}{DF}$, $\dfrac{CF}{AF}$ e $\dfrac{AE}{BD}$

A — 4 — B — 6 — C — 3 — D — 5 — E — 7 — F

Obs: Quando nada for dito em contrário, considerar o m (metro) como a unidade das medidas indicadas nas figuras.

**Resolução:**

$\dfrac{AB}{BC} = \dfrac{4}{6} = \dfrac{2}{3}$ , $\dfrac{BC}{DF} = \dfrac{6}{12} = \dfrac{1}{2}$ , $\dfrac{CF}{AF} = \dfrac{15}{25} = \dfrac{3}{5}$ e $\dfrac{AE}{BD} = \dfrac{18}{9} = 2$

2) Os pontos P e Q sobre um segmento AB de 50 cm, dispostos nesta ordem, dividem o segmento AB em partes proporcionais a 3, 5 e 2. Determine as medidas destas partes.

**Resolução:**

A |— a —— P —— b —— Q —— c —| B, total 50

Sendo a, b e c as medidas dos segmentos determinados, temos:

$\dfrac{a}{3} = \dfrac{b}{5} = \dfrac{c}{2} = x \Rightarrow a = 3x$, $b = 5x$ e $c = 2x$

Como AB = 50, temos:

$a + b + c = 50 \Rightarrow 3x + 5x + 2x = 50 \Rightarrow 10x = 50 \Rightarrow \boxed{x = 5} \Rightarrow$

$a = 3(5)$ , $b = 5(5)$ , $c = 2(5) \Rightarrow \boxed{a = 15 \text{ , } b = 25 \text{ e } c = 10}$

3) Na figura dada sabemos que **P** e **Q** dividem o segmento AB, internamente e externamente, em uma mesma razão. Determine **x**.

A —6— P —4— B —— x —— Q

**Resolução:** $\dfrac{AP}{PB} = \dfrac{AQ}{QB} \Rightarrow \dfrac{6}{4} = \dfrac{10 + x}{x} \Rightarrow \dfrac{3}{2} = \dfrac{10 + x}{x} \Rightarrow 3x = 20 + 2x \Rightarrow \boxed{x = 20}$

Obs: Quando **P** e **Q** dividem o segmento AB, internamente e externamente, em uma mesma razão, chamamos esta divisão de **divisão harmônica** P e Q são chamados conjugadas harmônicos dos pontos A e B.

**65** Os pontos A, B, C, D, ... estão na reta r dada. Determine as seguintes razões:

Obs: Considerar o metro como sendo a unidade das medidas indicadas na figura.

a) $\dfrac{AB}{BD} =$ 

b) $\dfrac{AB}{CE} =$ 

c) $\dfrac{BE}{AG} =$ 

d) $\dfrac{CF}{AE} =$

---

**66** Os pontos assinalados sobre o segmento AB determinam sobre AB os segmentos **a**, **b**, ... , como mostra a figura. Determine **a**, **b**, ... , nos casos:

a) a e b são proporcionais a 3 e 5 e AB = 56 cm

b) a e b são inversamente proporcionais a 3 e 4 e AB = 56 m

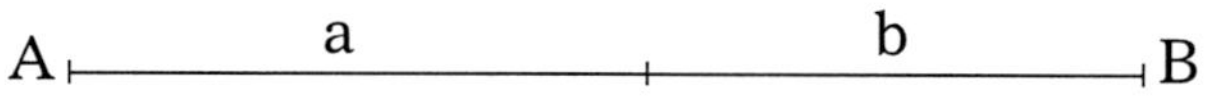

c) a, b e c são proporcionais a 3, 2 e 5 e AB = 80 m

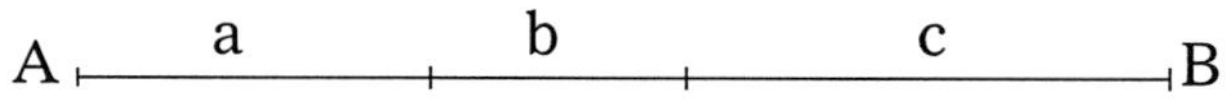

d) a, b e c são inversamente proporcionais a 1, 2 e 4 e AB = 63 m

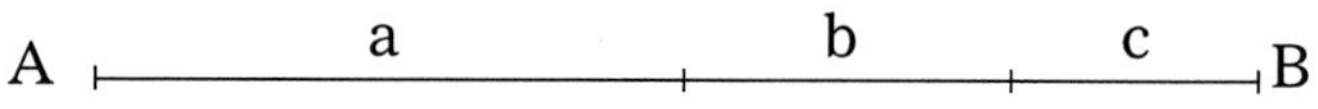

**67** Determinar a razão em que o ponto P divide o segmento AB, nos casos:
Considerar a ordem do enunciado. Neste caso, AP:PB.

a)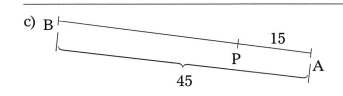

b)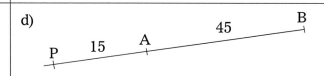

c)

d)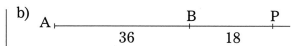

**68** Dada a razão k em que o ponto P divide o segmento AB, $K = \dfrac{AP}{PB}$, determine x, nos casos:

a) $k = \dfrac{3}{2}$

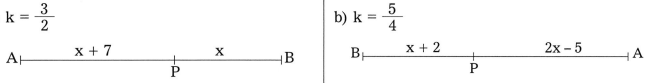

b) $k = \dfrac{5}{4}$

c) $k = \dfrac{11}{5}$

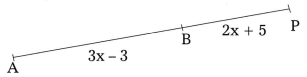

d) $k = \dfrac{6}{13}$

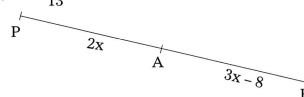

**69** Dada a razão k em que o ponto P divide o segmento BC, $k = \dfrac{BP}{PC}$, determine x, nos casos:

a) $k = \dfrac{4}{3}$

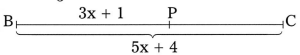

b) $k = 3$

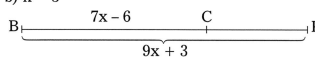

c) $k = \dfrac{3}{4}$

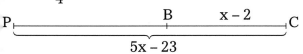

d) $k = \dfrac{5}{3}$

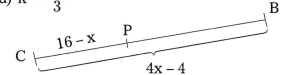

e) $k = \dfrac{2}{5}$

f) $k = \dfrac{9}{8}$

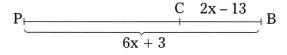

Resp: **65** a) $\dfrac{2}{3}$   b) $\dfrac{1}{2}$   c) $\dfrac{1}{2}$   d) $\dfrac{6}{7}$     **66** a) a = 21 m; b = 35 m   b) a = 32 m, b = 24 m
c) a = 24 m, b = 16 m, c = 40 m   d) a = 36 m, b = 18 m, c = 9 m

**70** Dada a razão k em que e ponto P divide o segmento AB, $k = \dfrac{AP}{PB}$, determine AB, nos casos:

a) $k = \dfrac{2}{7}$

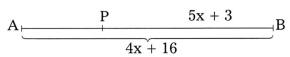

b) $k = \dfrac{5}{2}$

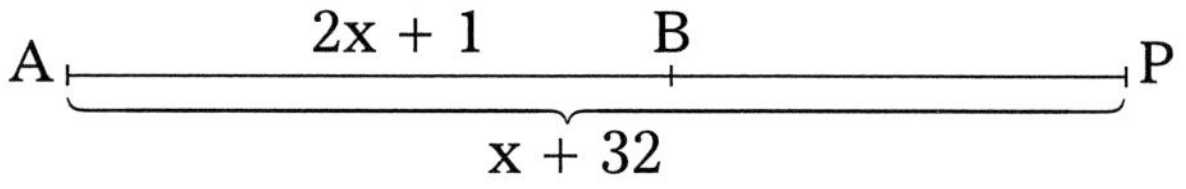

**71** Sabendo que os pontos P e Q dividem AB, interna e externamente, em uma mesma razão (P e Q são os conjugados harmônicos de A e B), determine x, nos casos:

a)

b)

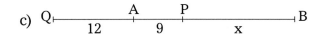

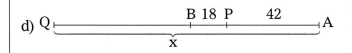

c)

d)

**72** Sabendo que os pontos P e Q dividem AB, interna e externamente, em uma mesma razão, determine x, nos casos:

a) A—9—P—x—B—6—Q

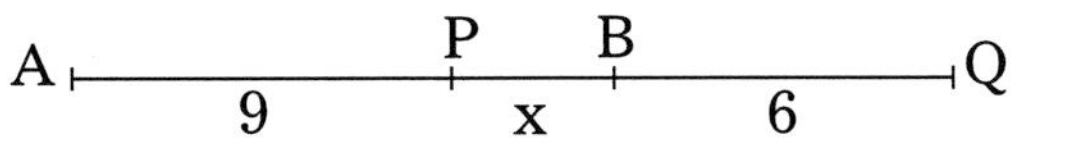

b) Q—4x−4—B—x−2—P—x—A

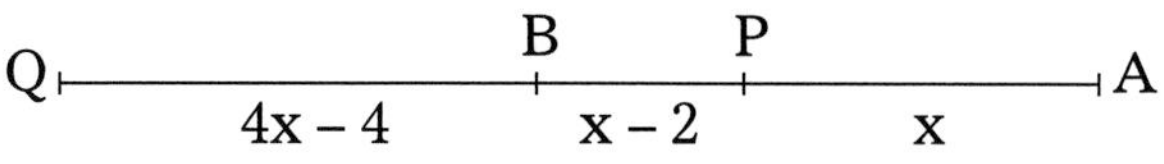

c) B—2x−6—P—x−2—A—4x+1—Q

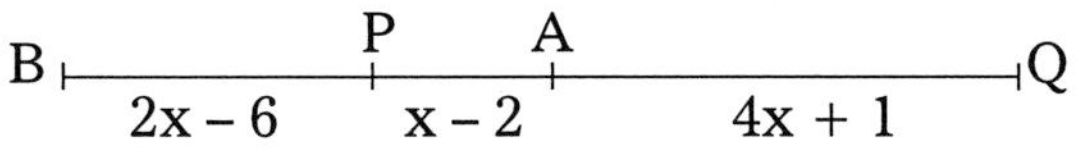

d) A—x+2—P—x−4—B, AQ = 2x+4

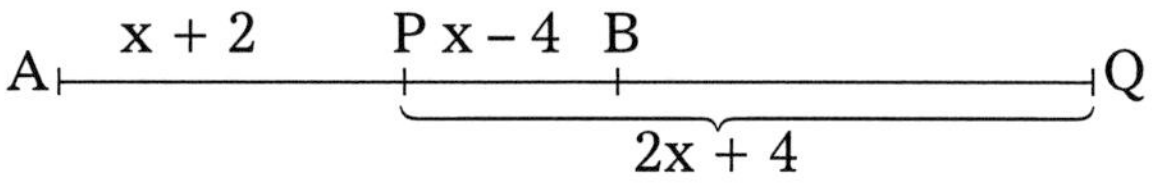

Resp: **67** a) $\frac{4}{3}$  b) 3  c) $\frac{1}{2}$  d) $\frac{1}{4}$   **68** a) 14  b) 10  c) 15  d) 12   **69** a) 9  b) 8  c) 15  d) 7  e) 11  f) 10

**73** Sabendo que os pontos P e Q dividem o segmento AB, interna e externamente, em uma mesma razão, determine esta razão, nos casos:

a) A ⊢──x + 2──P──x──B──6x + 6──⊣ Q

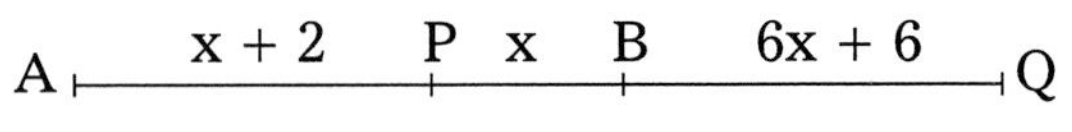

b) A ⊢──x + 1──P──x − 3──B──x + 5──⊣ Q

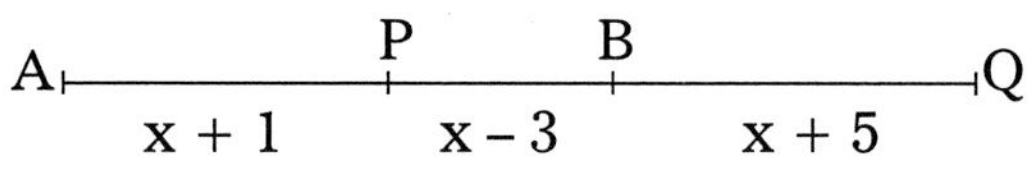

**74** O ponto P divide AB internamente na razão k e o ponto Q divide AB na razão k', determine x e y, nos casos:

a) $k = \dfrac{4}{3}$ e $k' = \dfrac{3}{2}$

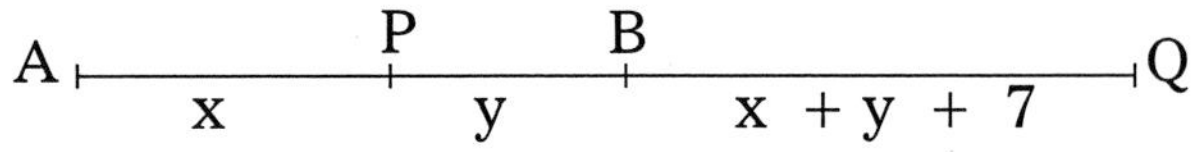

A ⊢──x──P──y──B──x + y + 7──⊣ Q

b) $k = \dfrac{3}{2}$ e $k' = \dfrac{4}{3}$

A ⊢──x──P──y − 1──B──4x + y + 1──⊣ Q

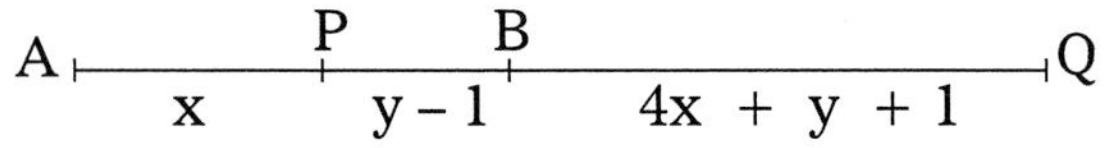

**75** Se P e Q são conjugados harmônicos dos pontos A e B, determine AB, nos casos:
(P e Q dividem AB em uma mesma razão)

a) A⊢——P—B————Q
      x + 4  x    5x

b) Q⊢————A——P———B
      3x    x − 5  2x − 15

**76** A média harmônica de números positivos a, b, c, ... é definida como o inverso da média aritmética dos seus inversos. Por exemplo, para os números **a, b e c**, a sua **média harmônica H** será: $H = \left(\dfrac{a^{-1}+b^{-1}+c^{-1}}{3}\right)^{-1}$. Determine a média harmônica dos números dados, nos casos:

a) 3, 4 e 6

b) 8 e 12

c) a e b

**77** Na figura dada, P e Q dividem o segmento AB, interna e externamente, em uma mesma razão determine y e a **média harmônica** entre AP e AQ.

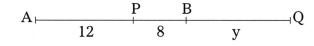
A⊢——12——P—8—B———y———Q

Resp: **70** a) 36   b) 27   **71** a) 24   b) 12   c) 63   d) 105   **72** a) 13   b) 6   c) 5   d) 10

**78** Se os pontos P e Q dividem o segmento AB, interna e externamente, em uma mesma razão, com P – B – Q (B entre P e Q), então mostre que AB = x é a média harmônica entre AP = a e AQ = b.

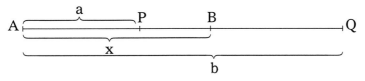

**79** Em cada caso, P e Q dividem AB, interna e externamente, em uma mesma razão (P e Q dividem AB harmônicamente). Determine AB de dois modos, primeiramente determinando PB e em seguida determinando a média harmônica entre AP e AQ.

a)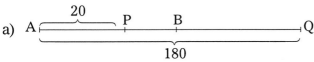

b)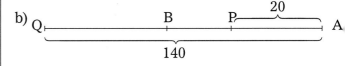

**80** Se P e Q dividem o segmento AB harmonicamente e **O** é o ponto médio de AB, dados OP e OQ, determine OA.

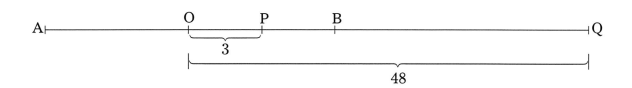

**81** Se os pontos P e Q dividem AB harmonicamente (P e Q são conjugados harmônicos de A e B), **O** é o ponto médio de AB, r = OA = OB, OP = a e OQ = b, mostre que $a \cdot b = r^2$.

Obs: Dados uma circunferência **f** de centro **O** e raio **r**, se dois pontos **P** e **Q** do plano de **f** são tais que $(OP)\cdot(OQ) = r^2$, dizemos que P e Q são os inversos, um do outro, em relação a circunferência **f**.

Note então que se os pontos **P** e **Q** dividem o segmento AB harmonicamente, então **P** é o inverso de **Q** (e **Q** é o inverso de **P**) em relação à circunferência de diâmetro AB.

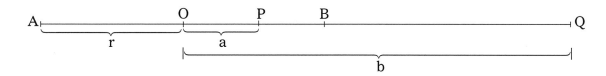

Resp: **73** a) $\frac{4}{3}$  b) 2    **74** a) x = 4, y = 3    b) x = 6, y = 5   **75** a) 20    b) 40

**76** a) 4   b) $\frac{48}{5}$   c) $\frac{2ab}{a+b}$   **77** y = 40 e H(12, 60) = 20

**82** Da figura dada sabemos que o ponto **O** é ponto médio do segmento AB e que os pontos **P** e **Q** dividem o segmento AB harmônicamente (P e Q são conjugados harmônicas de A e B). Dados OP e OQ, determine AB de dois modos, primeiramente determinando $r = OA = \frac{AB}{2}$ usando a divisão harmônica e em seguida usando o fato de que $(OP)(OQ) = r^2$

$(OP) \cdot (OQ) = r^2$

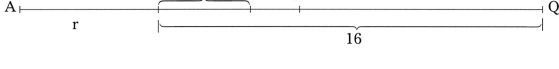

**83** Se P e Q são os inversos, um do outro, em relação à circunferência f, de centro O, determine a incógnita, nos casos:

a)
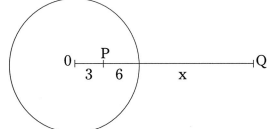

b)
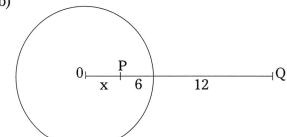

c)
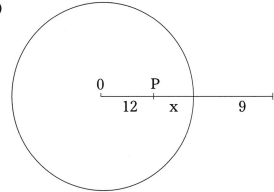

# B – Teorema de Tales

[Tales de Mileto (623/625 AC - 556/558 AC)]

Obs: Mileto (Na época, colônia grega, hoje, Turquia).

**Teorema:** Se um feixe de retas paralelas cortam duas retas transversais, então os segmentos determinados em uma delas são proporcionais aos segmentos determinados na outra.

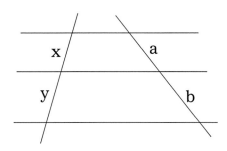

$$\frac{x}{a} = \frac{y}{b} \quad \text{ou} \quad \frac{x}{y} = \frac{a}{b}$$

### Demonstração usando áreas

A letra maiúscula no interior do triângulo representa a sua área.

Na figura temos um trapézio. Então, X = W. Observe:

X + A e W + A são áreas de triângulos de mesma base e mesma altura. Então:

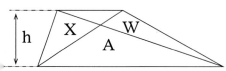 $X + A = W + A \Rightarrow \boxed{X = W} \Rightarrow$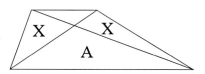

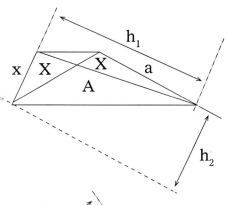

Note que $X + A = \dfrac{xh_1}{2} = \dfrac{ah_2}{2}$

Então: $xh_1 = ah_2$

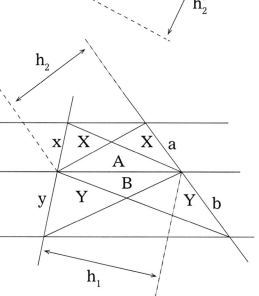

$$\begin{cases} X + A = \dfrac{x \cdot h_1}{2} = \dfrac{a \cdot h_2}{2} \Rightarrow xh_1 = ah_2 \\ Y + B = \dfrac{y \cdot h_1}{2} = \dfrac{b \cdot h_2}{2} \Rightarrow yh_1 = bh_2 \end{cases}$$

Dividindo, membro a membro, obtemos:

$$\frac{xh_1}{yh_1} = \frac{ah_2}{bh_2} \Rightarrow \boxed{\frac{x}{y} = \frac{a}{b}}$$

$$\boxed{\frac{x}{y} = \frac{a}{b}} \quad \text{ou} \quad \boxed{\frac{x}{y} = \frac{y}{b}}$$

**Exemplo:** Em cada caso temos um feixe de retas paralelas (r, s, t) cortados por retas transversais. Determine os valores das incógnitas.

a)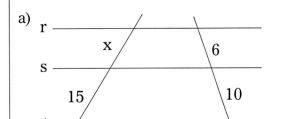

$$\frac{x}{15} = \frac{6}{10} \left( \text{ou } \frac{x}{6} = \frac{5}{10} \right)$$

$$\frac{x}{3} = \frac{6}{2} \Rightarrow \boxed{x = 9}$$

b)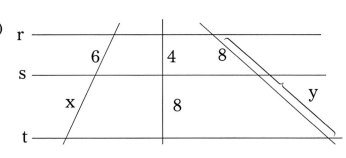

1) $\frac{x}{6} = \frac{8}{4}$  $\boxed{x = 12}$

2) $\frac{y}{8} = \frac{8+4}{4}$  $\frac{y}{8} = 3 \Rightarrow \boxed{y = 24}$

c)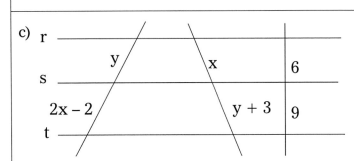

$$\begin{cases} \dfrac{y}{2x-2} = \dfrac{6}{9} = \dfrac{2}{3} \\ \dfrac{x}{y+3} = \dfrac{6}{9} = \dfrac{2}{3} \end{cases} \Rightarrow \begin{cases} 4x - 4 = 3y \\ 3x = 2y + 6 \end{cases} \Rightarrow$$

$$\Rightarrow \begin{cases} 4x - 3y = 4 \quad (-2) \\ 3x - 2y = 6 \quad (3) \end{cases} \Rightarrow \begin{cases} -8x + 6y = -8 \\ 9x - 6y = 18 \end{cases} \Rightarrow \boxed{x = 10} \Rightarrow 4(10) - 3y = 4 \Rightarrow 3y = 36 \Rightarrow \boxed{y = 12}$$

**84** Em cada caso temos um feixe de retas paralelas cortados por duas retas transversais. Complete de modo que a sentença obtida seja verdadeira.

a)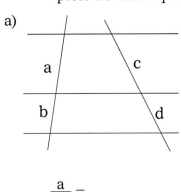

$\dfrac{a}{b} =$

b)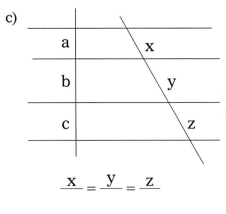

$\dfrac{x}{c} =$

c) 

$\dfrac{x}{\_} = \dfrac{y}{\_} = \dfrac{z}{\_}$

**85** Determine o valor de x, nos casos: (Há um feixe de paralelas e transversais).

a)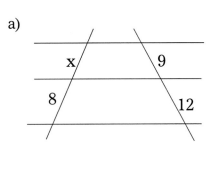

b)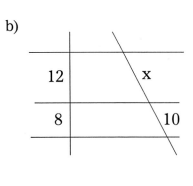

c)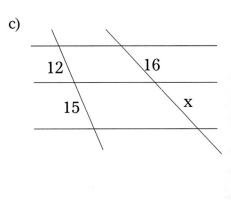

52

**86.** Em cada caso temos um feixe de paralelas cortadas por transversais. Determinar as incógnitas.

a)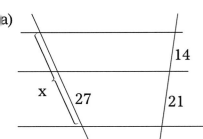

b)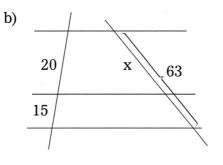

c)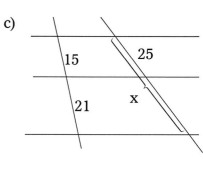

d)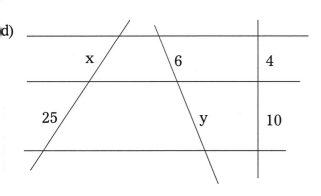

e)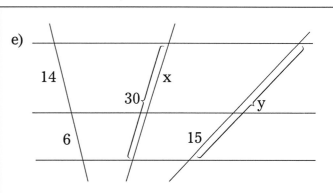

f)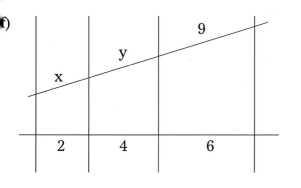

g)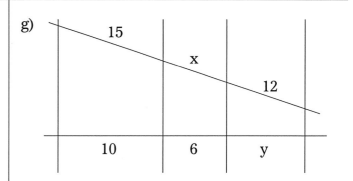

**87** Em cada caso temos um feixe de paralelas cortadas por transversais, determine as incógnitas.

a)
x, 27, 16, 18

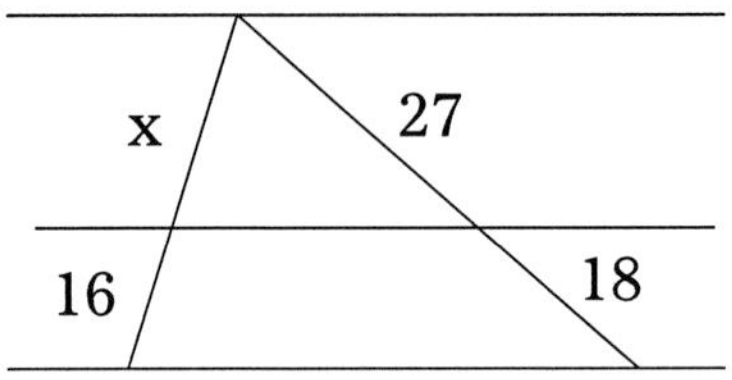

b)
9, 6, 10, x

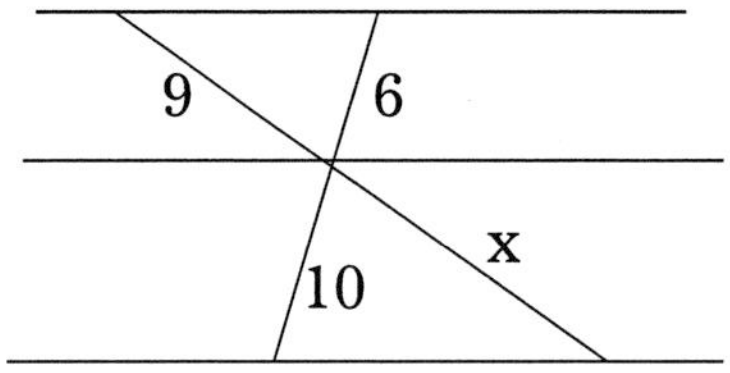

c)
8, x, 14, 12

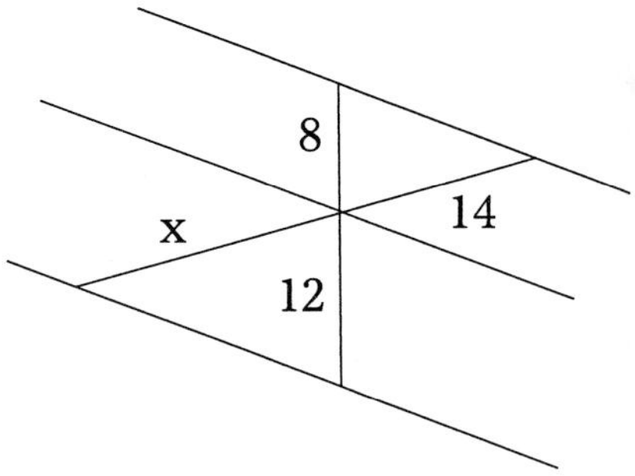

d)
21, 14, 15, x

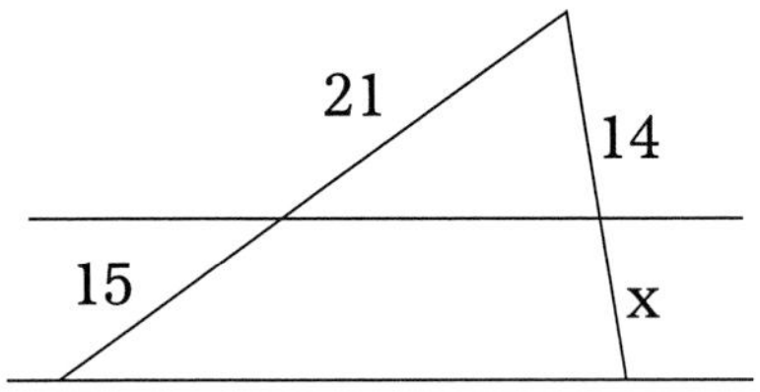

b)
6, x, 28, 14

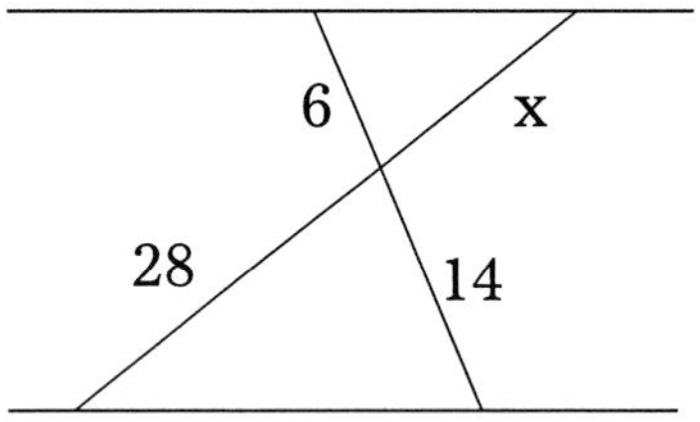

c)
12, x, 20, 25

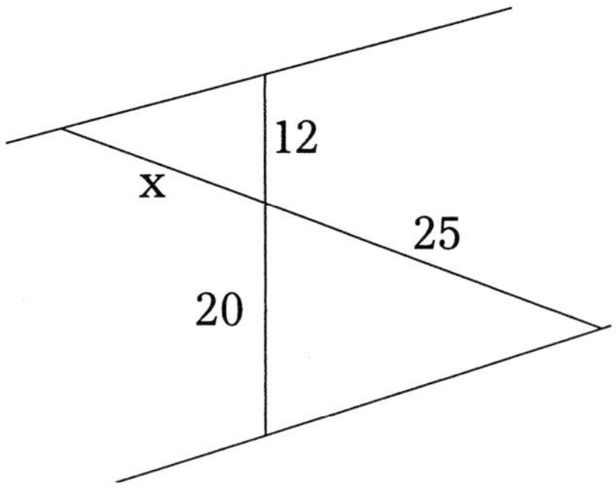

g)
x − 2, x + 2, 2x, 3x

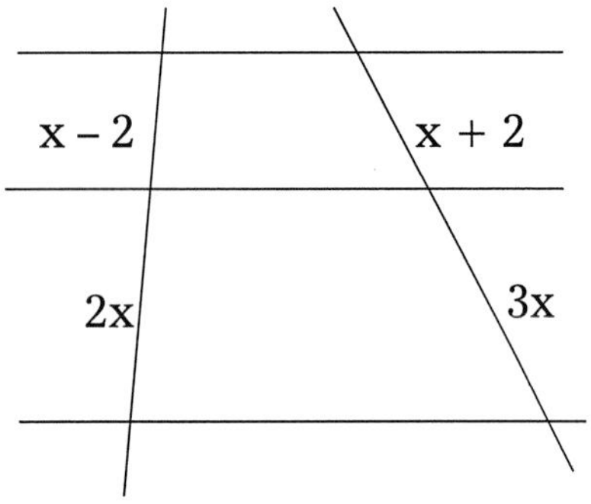

h)
4x, x + 6, 3x − 3, 5x

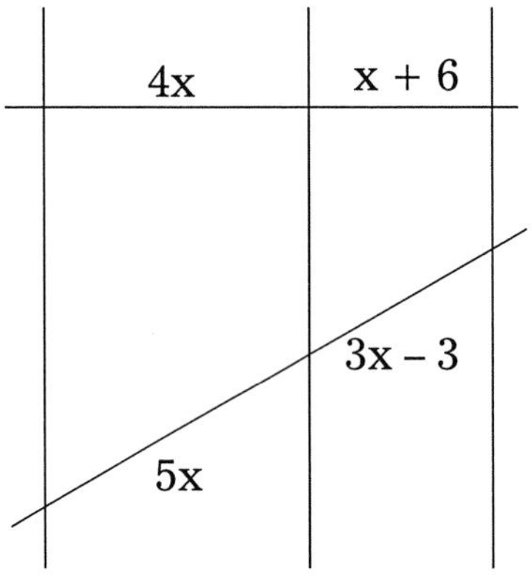

i)
4x + 1, 3x, 5x, 2x + 11

54

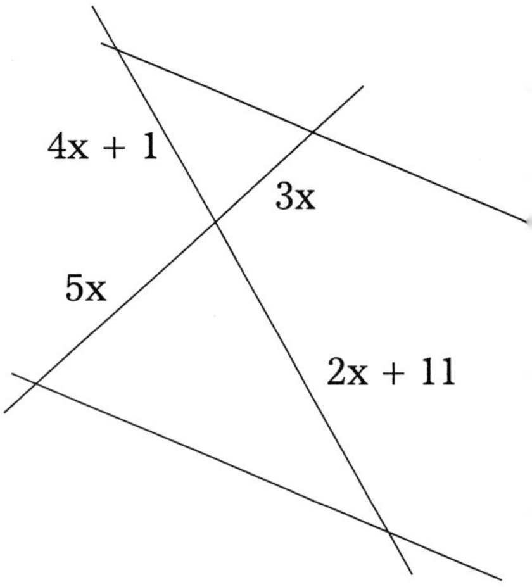

**88** Em cada caso temos um feixe de paralelas cortadas por transversais. Determine os valores das incógnitas.

a)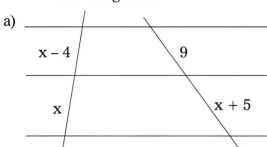

b)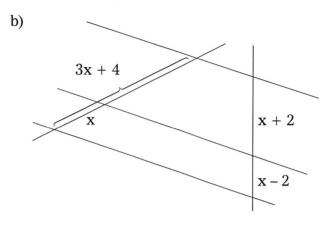

c)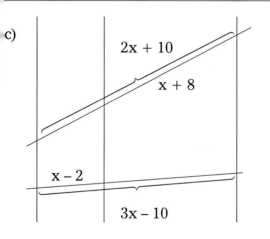

d)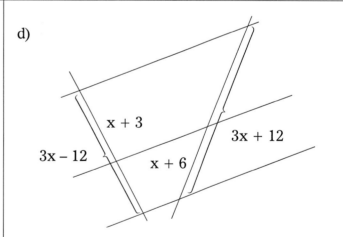

Resp: **84** a) $\frac{c}{d}$  b) $\frac{a-b}{b}$  c) $\frac{x}{a} = \frac{y}{b} = \frac{z}{c}$  **85** a) 6  b) 15  c) 20

**86** a) 45  b) 36  c) 60  d) x = 10, y = 15  e) x = 21, y = 50  f) x = 3, y = 6  g) x = 9, y = 8

**89** Em cada caso temos um feixe de retas paralelas, cortadas por retas transversais. Determine os valores de x e y.

a)
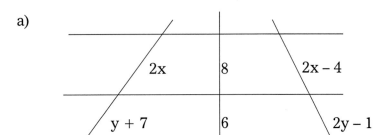

b)
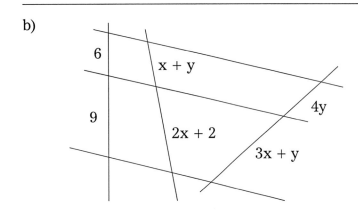

c)
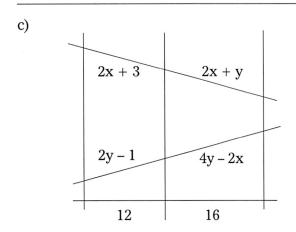

**90** Na figura temos um feixe de paralelas cortadas por transversais. Determine as incógnitas.

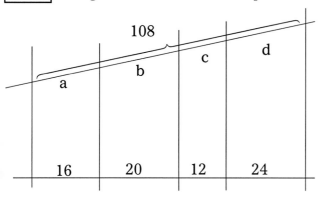

**91** O segmento interno ao triângulo, em casa caso, é paralelo a um lado. Determine a incógnita.

a)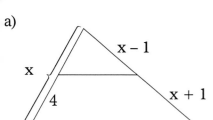

b)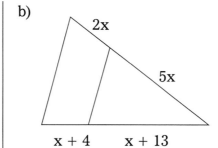

c)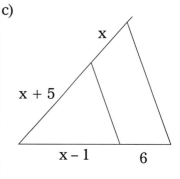

**92** Na figura temos um trapézio e os segmentos internos são paralelos às bases. Determine as incógnitas.

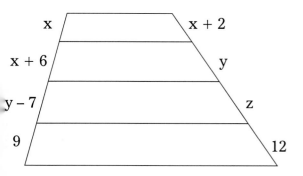

Resp: **87** a) 24  b) 15  c) 21  d) 10  e) 12  f) 15  g) 10  h) 6  i) 2  **88** a) 10  b) 4  c) 10  d) 12

**93** Em cada caso temos um triângulo ABC com o segmento interno paralelo à base BC. Determine a altura **h** relativa ao lado BC.

a)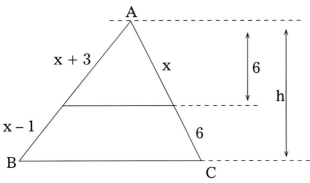

b)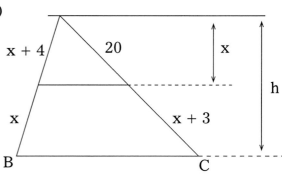

**94** Em cada caso temos um trapézio. Determine a sua altura.

a)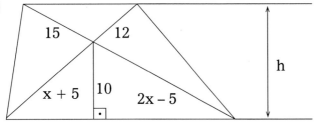

b)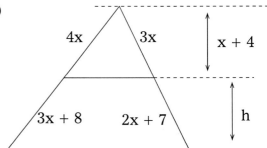

**95** Em cada caso, setas sobre retas, indicam que as retas são paralelas e ângulos com "marcas" iguais são congruentes. Determine a incógnita.

a)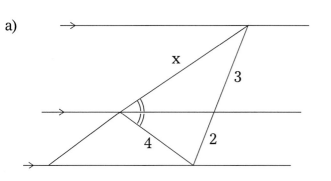

b)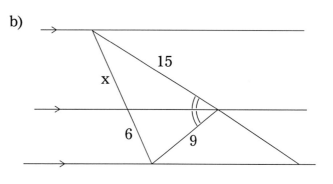

c)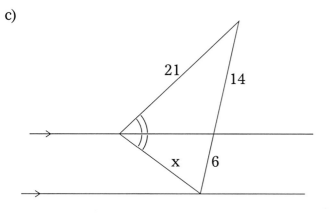

d)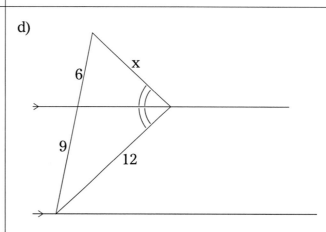

c)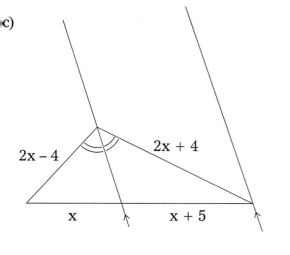

d)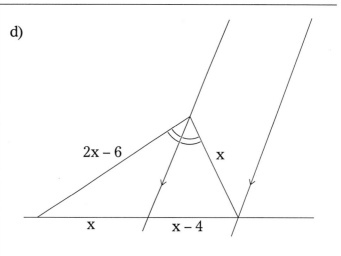

Resp: **89** a) x = 8 , y = 5    b) x = 5 , y = 3    c) x = 6 , y = 8    **90** a) a = 24 , b = 30 , c = 18 , d = 36

**91** a) 7    b) 2    c) 10    **92** x = 6 , y = 16 , z = 12

**96** Em cada caso, setas sobre retas, indicam que as retas são paralelas e ângulos com "marcas" iguais são congruentes. Determine a incógnita.

a)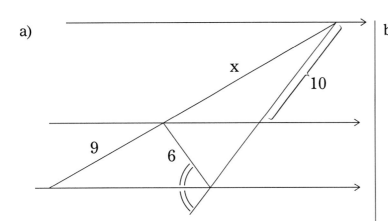

b)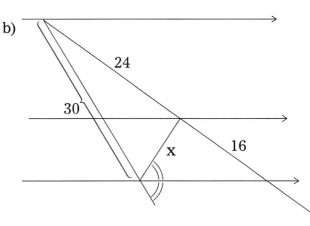

c)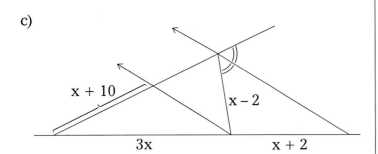

d)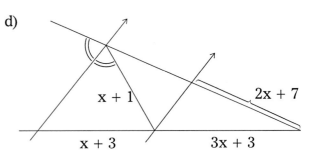

e)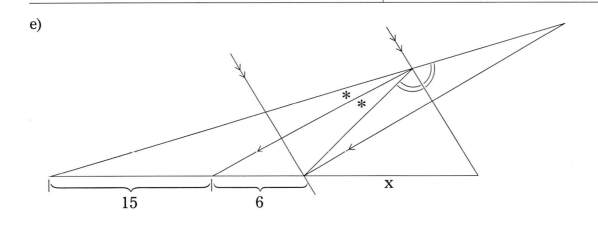

# C – Consequências do Teorema de Tales

## C1 – Teorema da bissetriz interna

A bissetriz de um triângulo determina, no lado oposto ao ângulo ao qual ela é relativa, segmentos que são proporcionais aos lados adjacentes a ela.

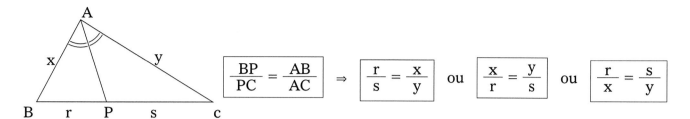

$$\frac{BP}{PC} = \frac{AB}{AC} \Rightarrow \frac{r}{s} = \frac{x}{y} \quad \text{ou} \quad \frac{x}{r} = \frac{y}{s} \quad \text{ou} \quad \frac{r}{x} = \frac{s}{y}$$

**Demonstração:** Traçando por **B** ou por **C** uma reta paralela à bissetriz AP, determinamos um triângulo isósceles (BAD, neste caso).
Aplicando, em seguida, o teorema de Tales obtemos a relação em questão.

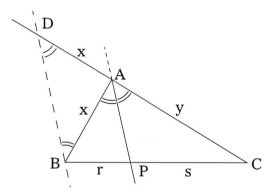

Levando em conta as medidas indicadas na figura, de acordo com o teorema de Tales, temos:

$$\frac{x}{y} = \frac{r}{s} \quad \text{ou} \quad \frac{x}{r} = \frac{y}{s}$$

## C2 – Teorema da bissetriz externa

A bissetriz de um ângulo externo de um triângulo, quando corta a reta do lado oposto, determina com as extremidades deste lado segmentos que são proporcionais aos lados adjacentes a ela.

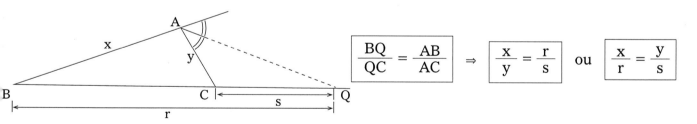

$$\frac{BQ}{QC} = \frac{AB}{AC} \Rightarrow \frac{x}{y} = \frac{r}{s} \quad \text{ou} \quad \frac{x}{r} = \frac{y}{s}$$

**Demonstração:** Traçando por **C** ou por **B** uma reta paralela à bissetriz AQ, determinamos um triângulo isósceles (ACD, neste caso). Aplicando, em seguida, o teorema de Tales obtemos a relação em questão.

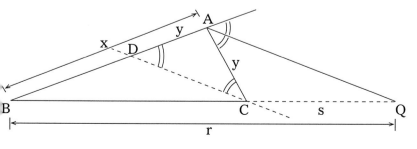

Levando em conta as medidas indicadas na figura, de acordo com o teorema de Tales, temos:

$$\frac{x}{y} = \frac{r}{s} \quad \text{ou} \quad \frac{x}{r} = \frac{y}{s}$$

Resp: **93** a) 10  b) 1, 2 ou 21  **94** a) 16  b) 10  **95** a) 6  b) 10  c) 9  d) 8  e) 10  f) 12

**Exemplos:** Sendo AP bissetriz interna e AQ bissetriz externa do triângulo ABC, determina x, nos casos:

a)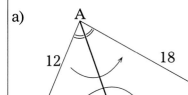

$$\frac{12}{18} = \frac{8}{x} \Rightarrow \frac{2}{3} = \frac{8}{x}$$

$$2x = 24 \Rightarrow \boxed{x = 12}$$

b)

$$\frac{20}{8} = \frac{x+21}{x} \Rightarrow \frac{5}{2} = \frac{x+21}{x} \Rightarrow$$

$$5x = 2x + 42 \Rightarrow 3x = 42 \Rightarrow \boxed{x = 14}$$

c)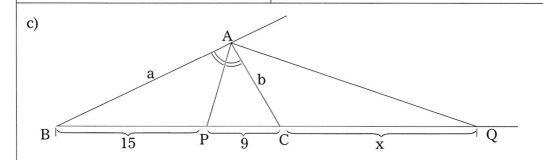

$$\begin{cases} \text{Biss. interna} \Rightarrow \dfrac{a}{b} = \dfrac{BP}{PC} \\ \text{Biss. externa} \Rightarrow \dfrac{a}{b} = \dfrac{BQ}{QC} \end{cases} \Rightarrow \begin{cases} \dfrac{a}{b} = \dfrac{15}{9} \\ \dfrac{a}{b} = \dfrac{24+x}{x} \end{cases} \Rightarrow \dfrac{15}{9} = \dfrac{24+x}{x} \Rightarrow$$

$$\Rightarrow \frac{5}{3} = \frac{24+x}{x} \Rightarrow 5x = 72 + 3x \Rightarrow 2x = 72 \Rightarrow \boxed{x = 36}$$

Obs: Note que P e Q dividem BC, interna e externamente, na razão $\dfrac{a}{b}$. Então P e Q dividem AB harmonicamente.

**97** Sendo AP bissetriz interna do triângulo, determine x, nos casos:

a)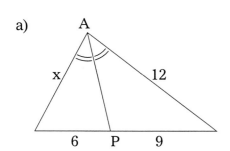

b)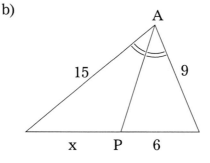

c)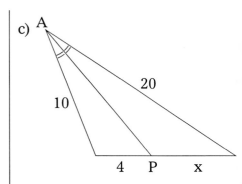

**98** Em cada caso, considerar que ângulos assinalados com "marcas" iguais têm medidas iguais. Determine as incógnitas.

a)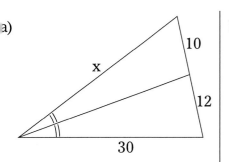

b)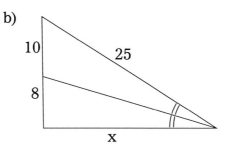

c)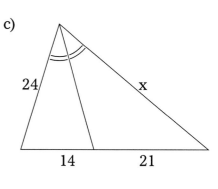

d)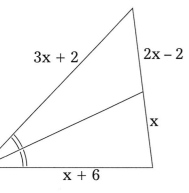

e)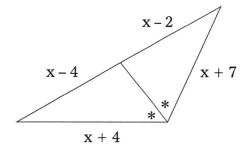

f)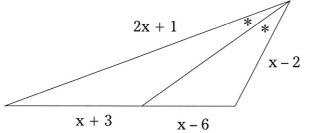

g)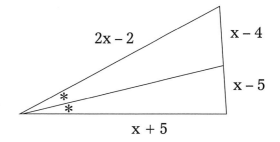

Resp: **96** a) 15    b) 12    c) 10    d) 9    e) 14

**99** Em cada caso AQ é bissetriz externa do triângulo. Determine x,

a)

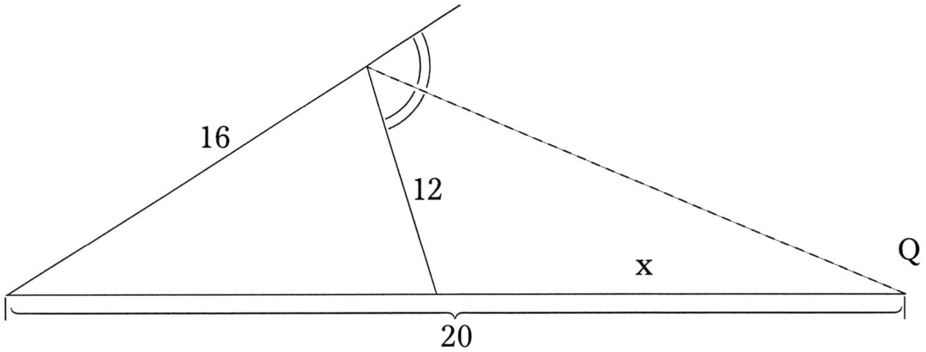

b)

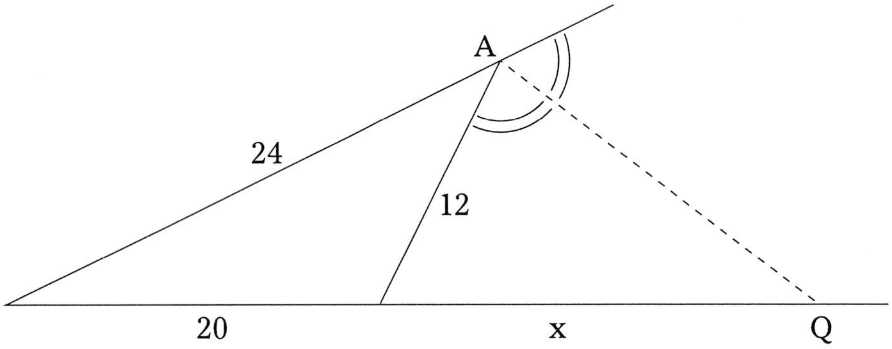

c)

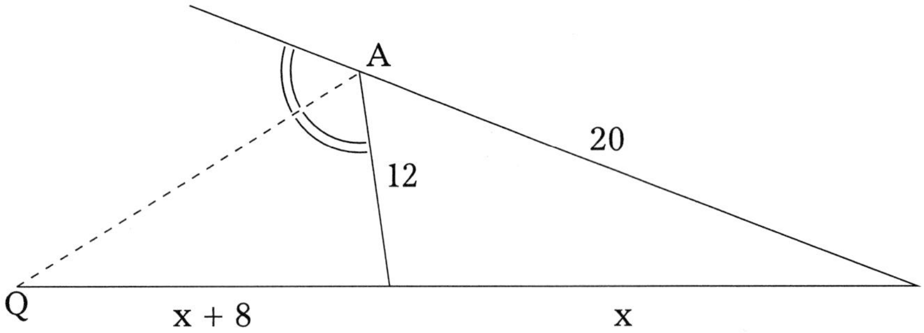

d)

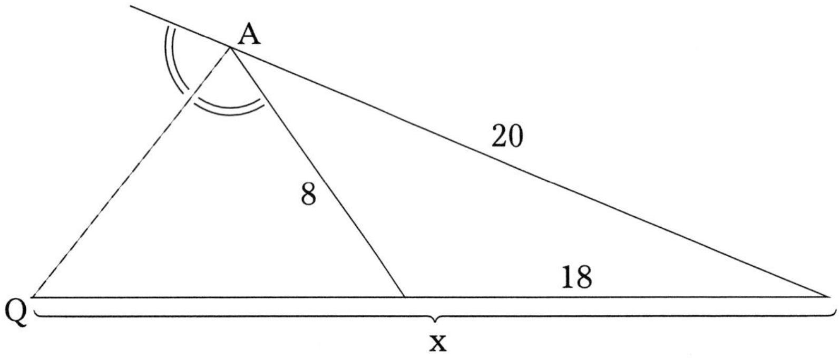

e)

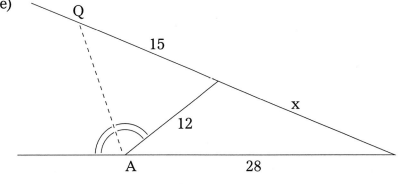

**100** Neste e nos exercícios seguintes considere que ângulos assinalados com marcas "iguais" têm medidas iguais. Determine as incógnitas.

a)
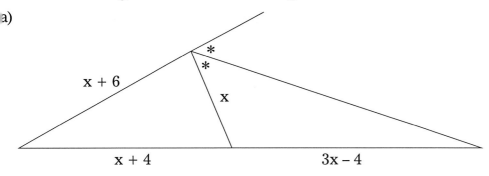

b)
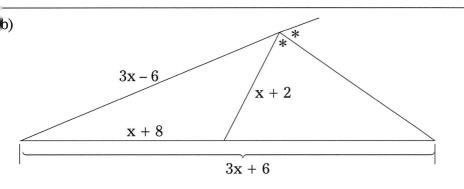

c)
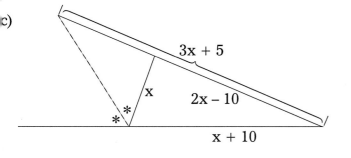

d)
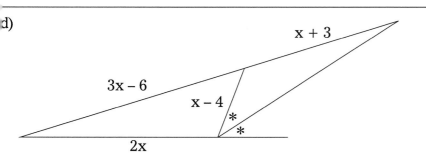

**101** Se em cada caso, ângulos assinalados com "marcas" iguais, têm medidas iguais, determine à incógnita.

a)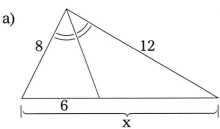

b)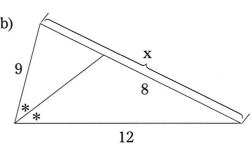

c)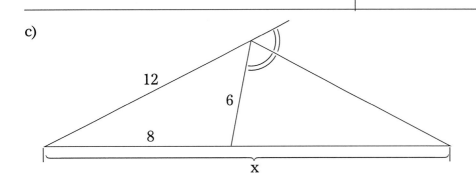

d)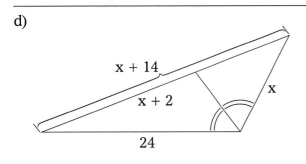

e)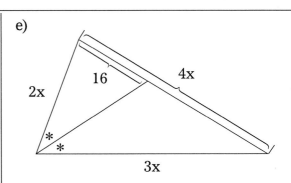

f)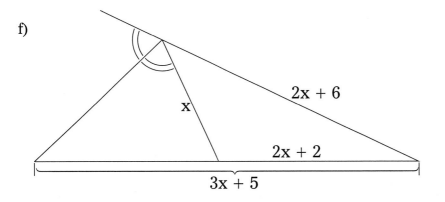

**102** Os segmentos internos ao triângulo são bissetrizes internas e os externos são bissetrizes externos determine x e y.

a)
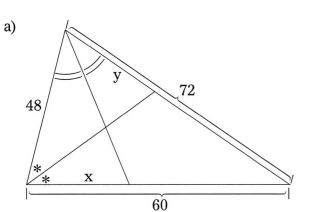

b)
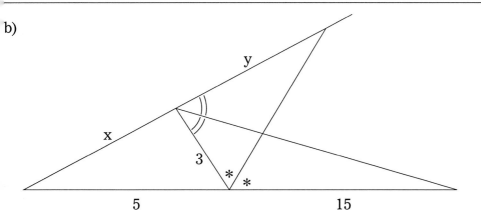

**103** Em cada caso é dado o perímetro 2p do triângulo ABC. Determine x e y

a) 2p = 35
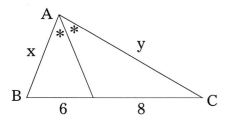

b) 2p = 34
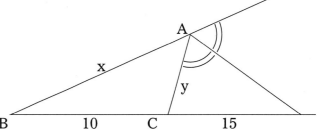

Resp: **99** a) 15  b) 20  c) 16  d) 30  e) 20  **100** a) 12  b) 10  c) 15  d) 12

**104** Em cada caso temos um triângulo ABC e as bissetrizes interna e externa relativas ao mesmo lado. Determine x.

a)

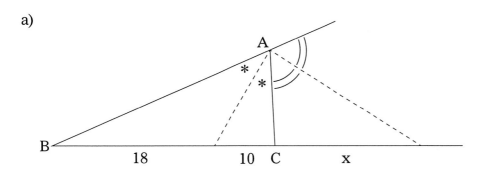

b)

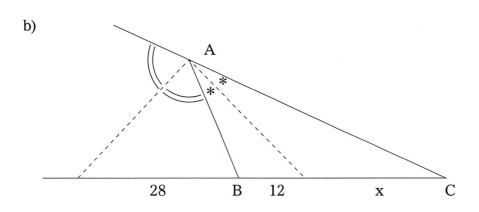

d)

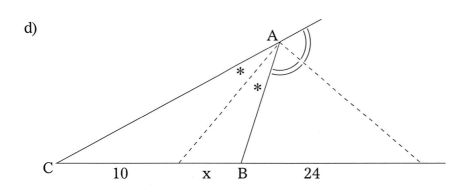

**105** Na figura CS é bissetriz interna e AT é bissetriz externa do triângulo ABC. Determine x e y.

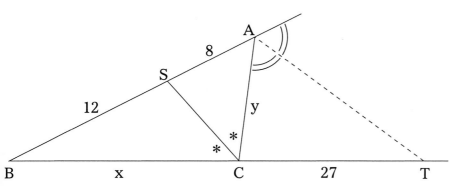

**106** Na figura AP e AQ são bissetrizes interna e externa do triângulo ABC. Determine x e y.

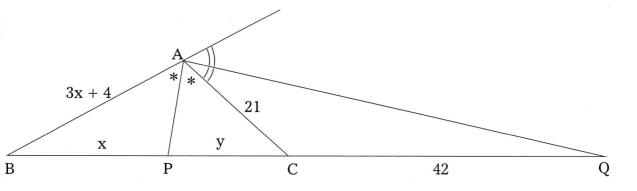

Resp: **101** a) 15  b) 14  c) 16  d) 16  e) 10  f) 9   **102** a) x = 24, y = 32   b) x = 4, y = 6
**103** a) x = 9, y = 12  b) x = 15, y = 9   **104** a) 35  b) 30  c) 6   **105** x = 18, y = 12   **106** x = 8, y = 6

# III SEMELHANÇA DE TRIÂNGULOS

**Definição**: Se for possível estabelecer uma correspondência entre vértices e lados de dois triângulos de modo que os ângulos de vértices correspondentes sejam congruentes e lados correspondentes sejam proporcionais, então estes triângulos são semelhantes.

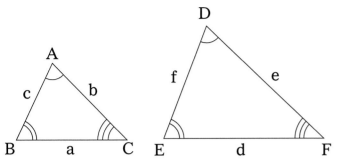

$$\triangle ABC \sim \triangle DEF \Leftrightarrow \begin{cases} \hat{A} = \hat{D} \\ \hat{B} = \hat{E} \\ \hat{C} = \hat{F} \end{cases} \text{ e } \frac{a}{d} = \frac{b}{e} = \frac{c}{f} = k$$

Obs: **k** é chamado razão de semelhança.

Segmentos correspondentes também são chamados **segmentos homólogos**.

---

**Teorema fundamental da semelhança de triângulos**: Uma reta paralela a um lado de um triângulo determina com os outros lados (ou seus prolongamentos) um triângulo semelhante a ele.

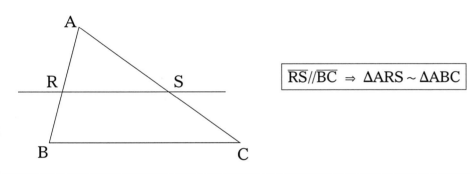

$$\overline{RS} // \overline{BC} \Rightarrow \triangle ARS \sim \triangle ABC$$

---

**Casos de semelhança: (AA, LAL, LLL)**

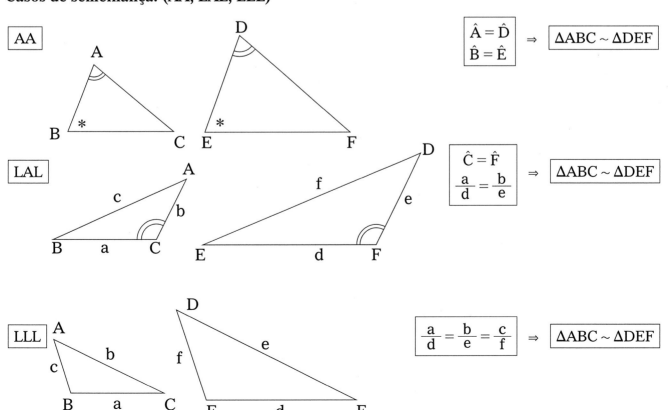

$$\begin{cases} \hat{A} = \hat{D} \\ \hat{B} = \hat{E} \end{cases} \Rightarrow \triangle ABC \sim \triangle DEF$$

$$\begin{cases} \hat{C} = \hat{F} \\ \frac{a}{d} = \frac{b}{e} \end{cases} \Rightarrow \triangle ABC \sim \triangle DEF$$

$$\frac{a}{d} = \frac{b}{e} = \frac{c}{f} \Rightarrow \triangle ABC \sim \triangle DEF$$

**Segmentos homólogos**: Se dois triângulos são semelhantes, então a razão entre segmentos homólogos é igual à razão de semelhança **k**.

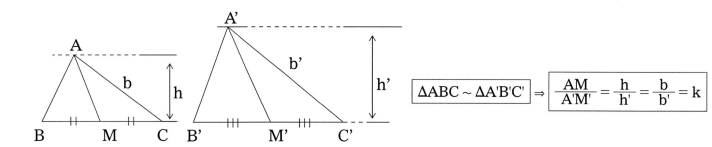

$$\triangle ABC \sim \triangle A'B'C' \Rightarrow \frac{AM}{A'M'} = \frac{h}{h'} = \frac{b}{b'} = k$$

**Razão entre perímetros (2p e 2p')**: Se dois triângulos são semelhantes, então a razão entre os seus perímetros é igual à razão de semelhança.

$$\triangle ABC \sim \triangle A'B'C' \Rightarrow \frac{2p}{2p'} = k$$

**Demonstração**: 

1) $\dfrac{a}{a'} = \dfrac{b}{b'} = \dfrac{c}{c'} = k \Rightarrow a = a'k, b = b'k, c = c'k$

2) $\dfrac{2p}{2p'} = \dfrac{a+b+c}{a'+b'+c'} = \dfrac{a'k+b'k+c'k}{a'+b'+c'} = \dfrac{(a'+b'+c')k}{a'+b'+c'} \Rightarrow \boxed{\dfrac{2p}{2p'} = k}$

**Razão entre áreas (S e S')**: Se dois triângulos são semelhantes, então a razão entre suas áreas é igual ao quadrado da razão **k** de semelhança.

$$\triangle ABC \sim \triangle A'B'C' \Rightarrow \frac{S}{S'} = k^2$$

**Demonstração**:

1) $\dfrac{a}{a'} = \dfrac{h}{h'} = k$

2) $\dfrac{S}{S'} = \dfrac{\frac{ah}{2}}{\frac{a'h'}{2}} \Rightarrow S = \dfrac{ah}{a'h'} = \dfrac{a}{a'} \cdot \dfrac{h}{h'} = k \cdot k \Rightarrow \boxed{\dfrac{S}{S'} = k^2}$

**Exemplo 1**: Em cada caso, ângulos com "marcas" iguais têm medidas iguais.

Determinar as incógnitas:

a)

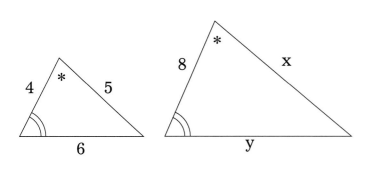

Pelo caso AA os triângulos são semelhantes e então, temos:

Para escrevermos a razão de semelhança, dividimos o lado de um pelo lado homólogo a ele do outro.

$$\frac{4}{8} = \frac{5}{x} = \frac{6}{y} = k \Rightarrow \boxed{k = \frac{1}{2}} \Rightarrow$$

$$\begin{cases} \frac{5}{x} = \frac{1}{2} \Rightarrow \boxed{x = 10} \\ \frac{6}{y} = \frac{1}{2} \Rightarrow \boxed{y = 12} \end{cases}$$

Note que $2p = 4 + 5 + 6 = 15$, $2p' = 8 + x + y = 8 + 10 + 12 = 30$ e

$$\frac{2p}{2p'} = \frac{15}{30} = \frac{1}{2} \Rightarrow \frac{2p}{2p'} = k$$

b)

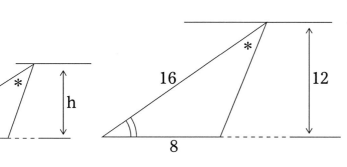

Pelo caso AA os triângulos são semelhantes. Então:

$$\frac{x}{16} = \frac{h}{12} = \frac{6}{8} = k \Rightarrow \boxed{k = \frac{3}{4}}$$

$$\Rightarrow \begin{cases} \frac{x}{16} = \frac{3}{4} \\ \frac{h}{12} = \frac{3}{4} \end{cases} \Rightarrow \boxed{\begin{array}{c} x = 12 \\ h = 9 \end{array}}$$

Note que $S = \frac{6 \cdot h}{2} = \frac{6 \cdot 9}{2} = 27$, $S' = \frac{8 \cdot 12}{2} = 48$ e

$$\frac{S}{S'} = \frac{27}{48} = \frac{9}{16} = \left(\frac{3}{4}\right)^2 \Rightarrow \boxed{\frac{S}{S'} = k^2}$$

c) Procure escrever a proporcionalidade dos lados sem "separar" os triângulos.

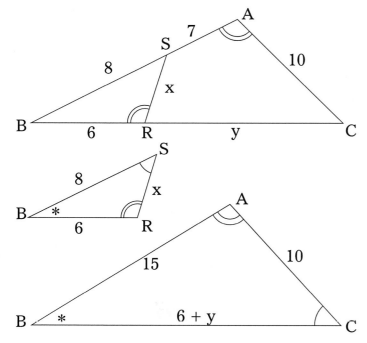

Considere os triângulos ABC e RBS.

$\hat{R} = \hat{A}$ e $\hat{B}$ é comum, então pelo caso AA, eles são semelhantes.

Então:

$$\frac{x}{10} = \frac{8}{6+y} = \frac{6}{15} = \frac{2}{5} = k$$

$$\begin{cases} \frac{x}{10} = \frac{2}{5} \Rightarrow 5x = 20 \Rightarrow \boxed{x = 4} \\ \frac{8}{6+y} = \frac{2}{5} \Rightarrow 12 + 2y = 40 \Rightarrow \boxed{y = 14} \end{cases}$$

d) Vamos resolver este sem "separar" os triângulos.

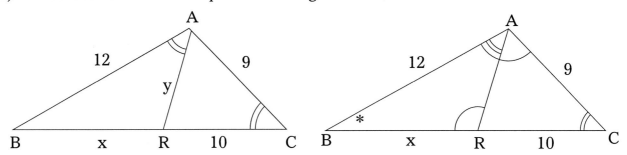

Considere os triângulos ABC e RBA. O Â do RBA é igual ao Ĉ do ABC e o B̂ é comum. Então pelo caso AA eles são semelhantes.

Lados correspondentes: x e 12, y e 9, 12 e x + 10. Então:

$$\frac{x}{12} = \frac{y}{9} = \frac{12}{x+10} \Rightarrow \frac{x}{12} = \frac{12}{x+10} \Rightarrow x^2 + 10x = 144 \Rightarrow$$

$x^2 + 10x - 144 = 0 \Rightarrow (x+18)(x-8) = 0 \Rightarrow \boxed{x = 8}$

Como $\frac{x}{12} = \frac{y}{9}$, obtemos $\frac{8}{12} = \frac{y}{9} \Rightarrow \frac{2}{3} = \frac{y}{9} \Rightarrow 3y = 18 \Rightarrow \boxed{y = 6}$

---

**Exemplo 2**: De um triângulo ABC sabemos que BC = 12 m e que a altura relativa a este lado mede 15 m. Determine o lado de um quadrado, com um lado sobre BC, inscrito neste triângulo.

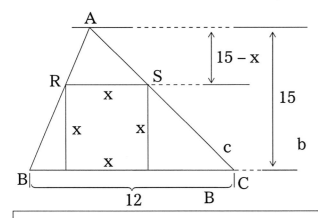

Como lados opostos de um quadrado são paralelos, pelo **teorema fundamental** da semelhança de triângulos, podemos afirmar que ARS e ABC são semelhantes. Então:

$$\frac{x}{12} = \frac{15-x}{15} \Rightarrow \frac{x}{2} = \frac{15-x}{3} \Rightarrow$$

$\Rightarrow 3x = 30 - 2x \Rightarrow 5x = 30 \Rightarrow \boxed{x = 6}$

**Exemplo 3**: Um triângulo ABC tem 135 m² de área; duas retas paralelas ao lado BC, que dividem a altura relativa a este lado em três partes iguais, determinam três trapézios neste triângulo. Determine a área do maior deles.

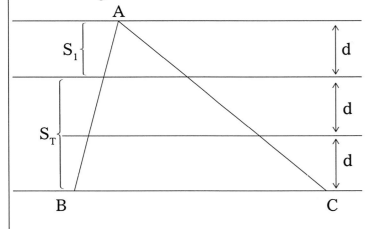

Sejam $S_1$ e $S_T$ as áreas do menor triângulo e do maior trapézio.

1) Como a razão das áreas é o quadrado da razão de semelhança, temos:

$$\frac{S_1}{135} = \left(\frac{d}{3d}\right)^2 \Rightarrow \frac{S_1}{135} = \frac{1}{9} \Rightarrow$$

$\Rightarrow \boxed{S_1 = 15}$

2) $S_T = 135 - S_1 \Rightarrow \boxed{S_T = 120 \text{ m}^2}$

**107** Neste e nos exercícios seguintes, ângulos com marcas "iguais" têm medidas iguais. Escrever a relação (correspondência) que indica a semelhança entre os triângulos nos casos:

Obs: Eles são semelhantes pelo caso AA.

a) 

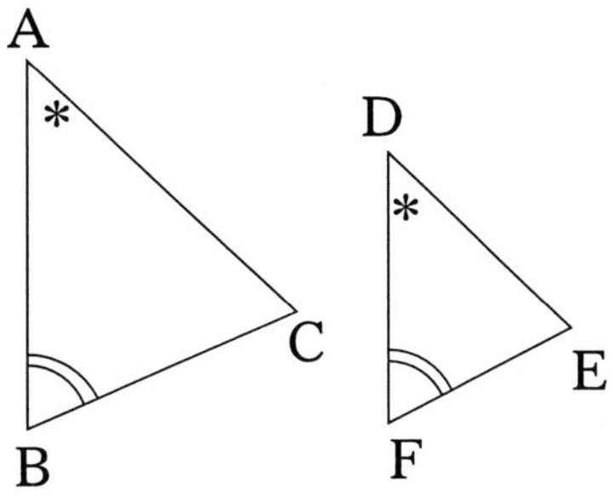

b) 

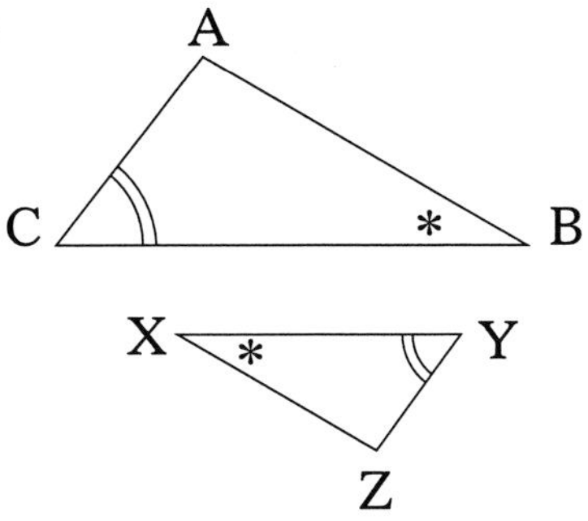

c) 

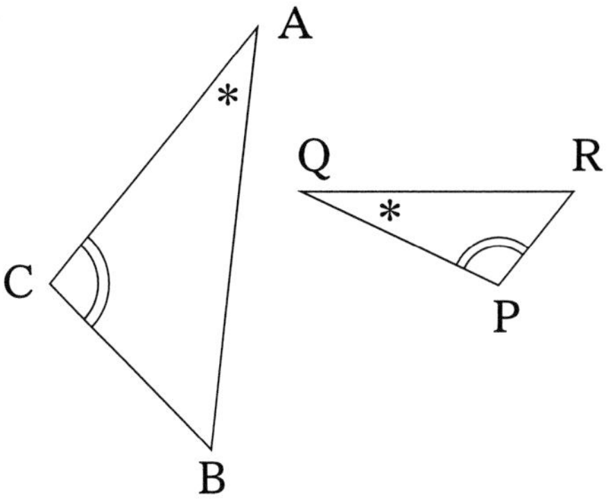

**108** Dizer qual é o caso de semelhança e escrever a relação de semelhança (correspondência), nos casos:

a)

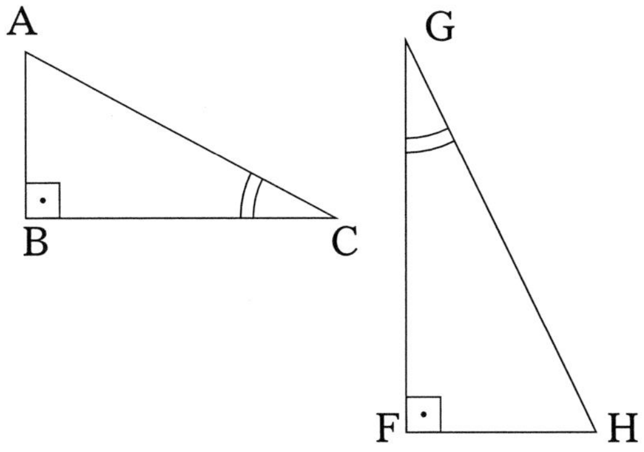

b)

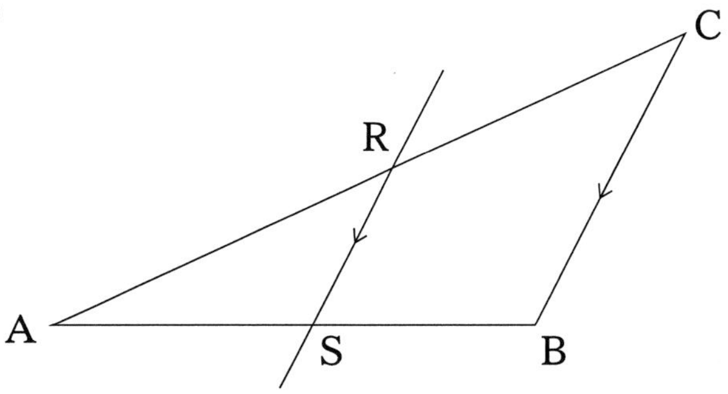

c)

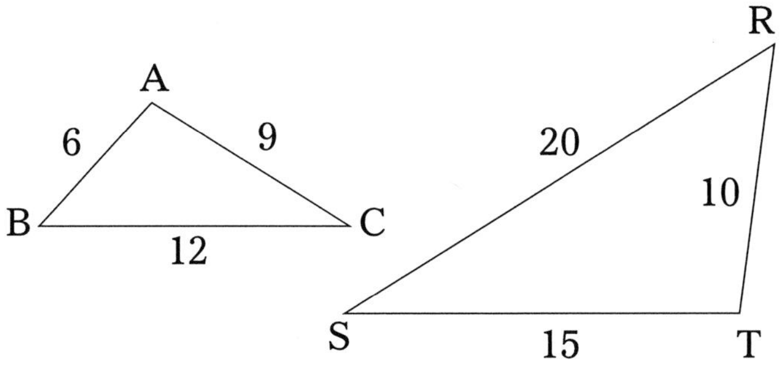

d)

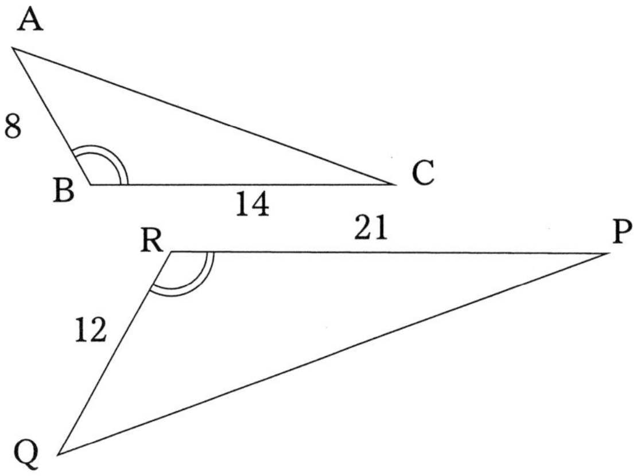

e)

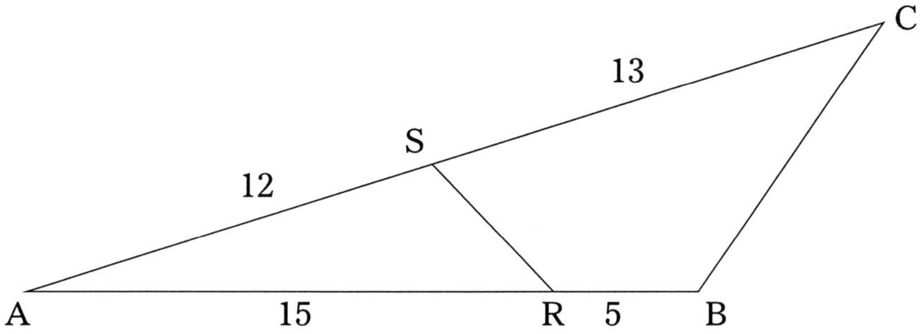

**109** Em cada caso temos dois triângulos semelhantes determinar a razão de semelhança que se pede.

a) k < 1

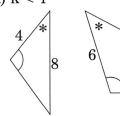

b) k > 1

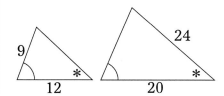

c) k < 1

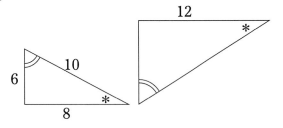

d) k < 1

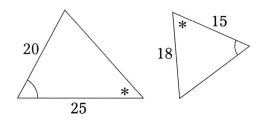

e) k < 1

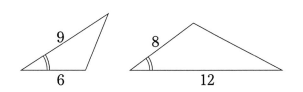

f) k > 1

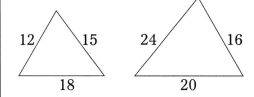

g) k < 1

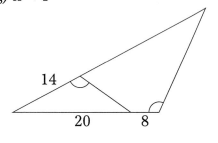

h) k > 1

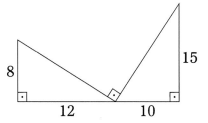

i) k < 1

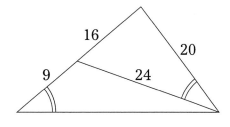

j) k < 1

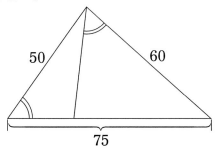

k) k < 1

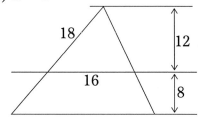

l) k < 1

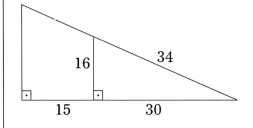

**110** Considerar, em cada caso, que ângulos com "marcas" iguais têm medidas iguais. Determinar as incógnitas.

a)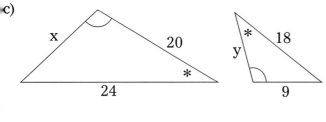

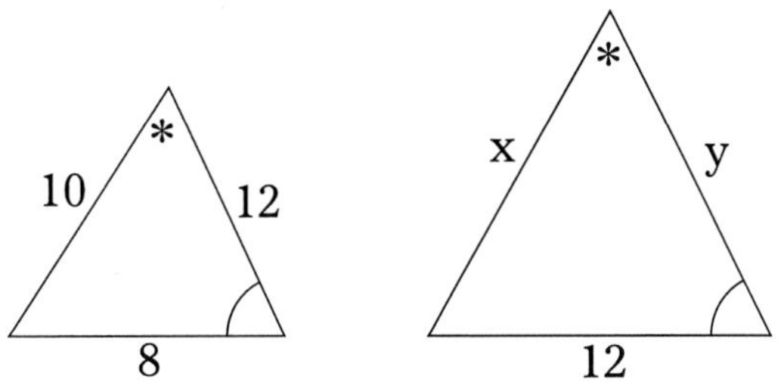

b)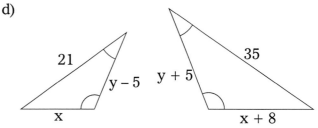

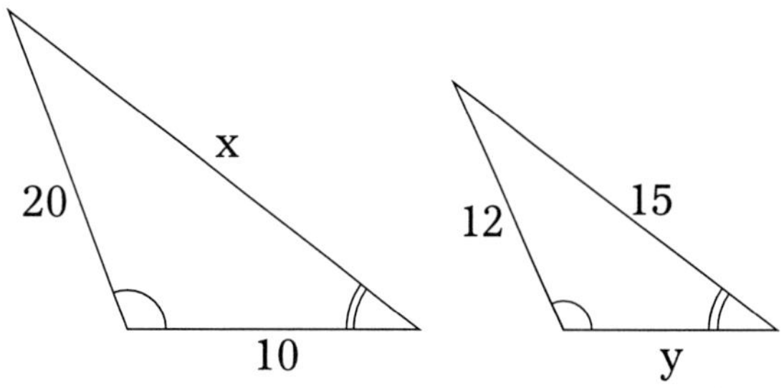

c)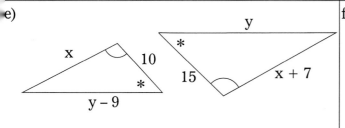

d)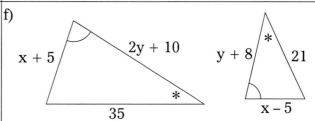

e)

f)

Resp: **107** a) △ABC ~ △DFE    b) △ABC ~ △ZXY    c) △ABC ~ △QRP    **108** a) (AA), △ABC ~ △HFG
b) (TFS), △ASR ~ △ABC    c) (LLL), △ABC ~ △TRS    d) (LAL), △ABC ~ △QRP    e) (LAL), △ABC ~ △ASR

**111** Considerar que ângulos com "marcas" iguais têm medidas iguais. Determinar o valor das incógnitas, nos casos:

a)
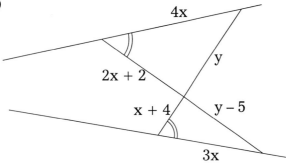

b)
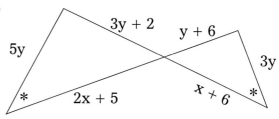

c) r e s são paralelas
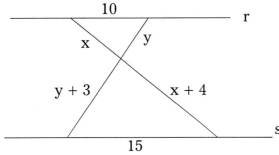

d)
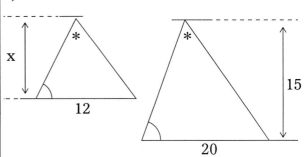

e) r e s são paralelas
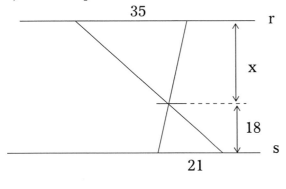

f) r e s são paralelas
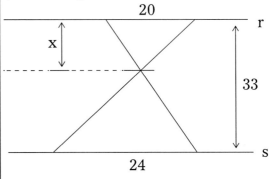

**112** Quando for o caso, ângulos com "marcas" iguais têm medidas iguais. Determinar as incógnitas.

a)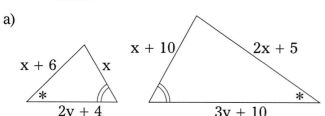

b)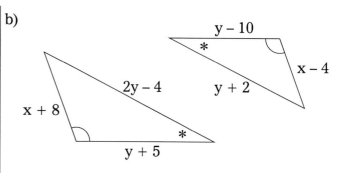

c) r e s são paralelas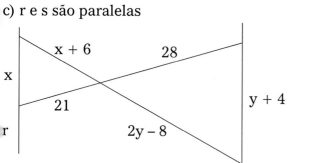

d)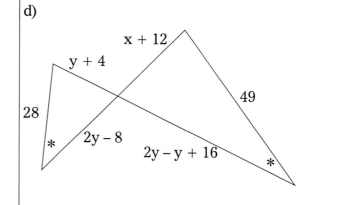

Resp: **109** a) $\frac{2}{3}$  b) $\frac{5}{3}$  c) $\frac{3}{2}$  d) $\frac{3}{5}$  e) $\frac{3}{4}$  f) $\frac{4}{3}$  g) $\frac{1}{2}$  h) $\frac{5}{4}$  i) $\frac{4}{5}$  j) $\frac{4}{5}$  k) $\frac{3}{5}$  l) $\frac{2}{3}$

**110** a) $x = 15$, $y = 18$  b) $x = 25$, $y = 6$  c) $x = 12$, $y = 15$  d) $x = 12$, $y = 20$  e) $x = 14$, $y = 27$  f) $x = 20$, $y = 10$

**113** Determinar as incógnitas, nos casos:

a)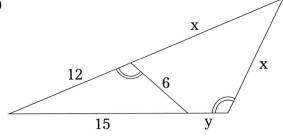

b)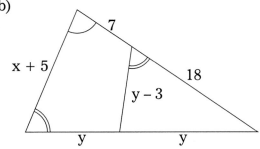

c)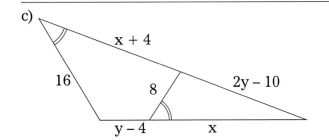

d)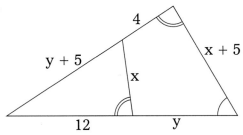

**114** Determinar as incógnitas, nos casos:

a)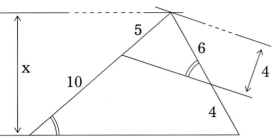

b) r e s são paralelas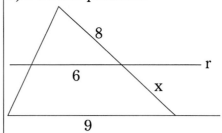

c)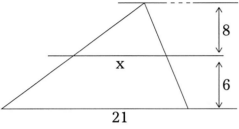

d)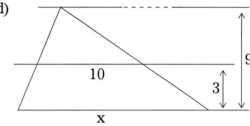

e)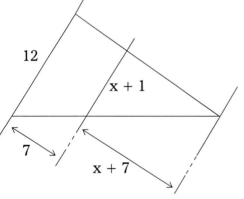

f)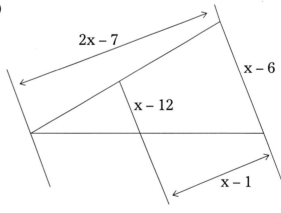

Resp: **111** a) x = 5, y = 20  b) x = 15, y = 6  c) x = 8, y = 6  d) x = 9  e) x = 30  f) x = 15
**112** a) x = 15, y = 10  b) x = 20, y = 30  c) x = 18, y = 20  d) x = 30, y = 20

**115** Determinar as incógnitas, nos casos:

a)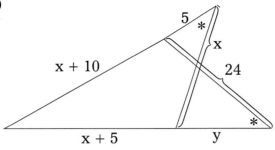

b)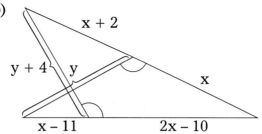

c)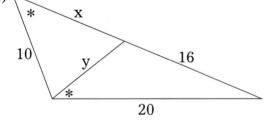

d)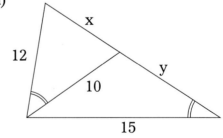

**116** Determinar as incógnitas, nos casos:

a)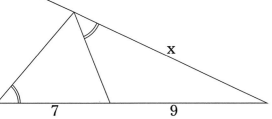

b)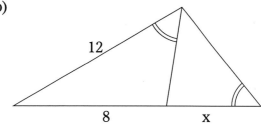

c)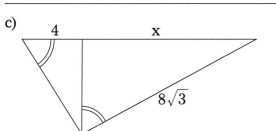

d)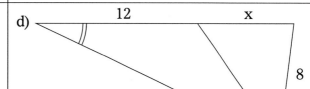

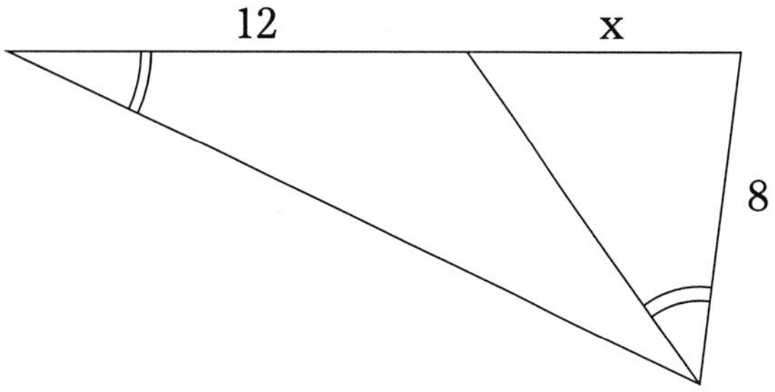

e)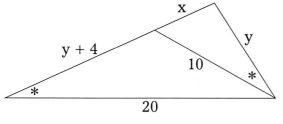

f)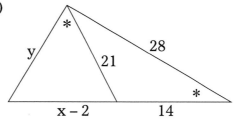

Resp: **113** a) $x = 8$, $y = 1$   b) $x = y = 15$   c) $x = 14$, $y = 10$   d) $x = 10$, $y = 9$   **114** a) 8   b) 4   c) 12   d) 15   e) 7   f) 16

**117** Em cada caso temos um quadrado inscrito em um triângulo. Determinar a incógnita.

a)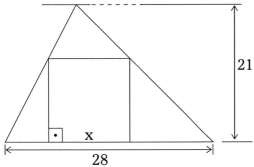

b)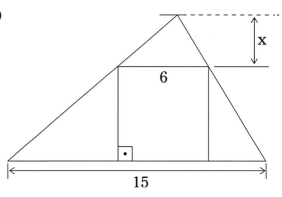

**118** Em cada caso temos um retângulo inscrito em um triângulo. Determinar a incógnita.

a) O retângulo tem 42 m de perímetro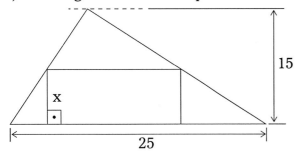

b)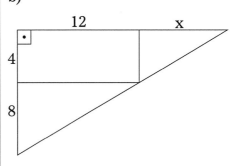

**119** Na figura temos dois quadrados inscritos em um ângulo. Determinar o lado do quadrado maior.

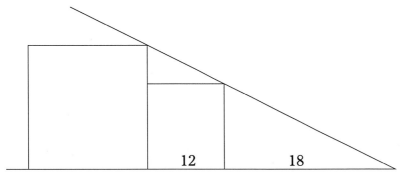

**120** Determinar a área do quadrilátero inscrito no triângulo, nos casos:

a) O quadrilátero é um quadrado

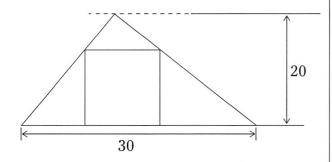

b) O quadrilátero é um retângulo de 58 m de perímetro.

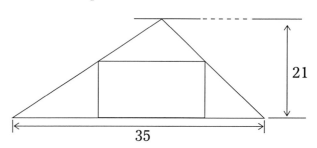

**121** Determinar a área do triângulo circunscrito ao quadrilátero, nos casos:

a) O quadrilátero é um quadrado

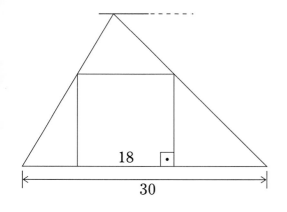

b) O quadrilátero é um retângulo de 300 m² de área.

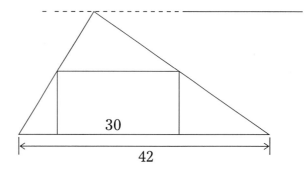

Resp: **115** a) x = 20 , y = 17   b) x = 15 , y = 12   c) x = 9 , y = 10   d) x = 8 , y = 10

**116** a) x = 12   b) x = 10   c) x = 12   d) x = 4   e) x = 4 , y = 8   f) x = 20 , y = 20

**122** As bases de um trapézio medem 16 m e 24 m e os lados oblíquos às bases medem 6 m e 7 m. Determinar o perímetro do menor triângulo obtido quando os lados oblíquos são prolongados.

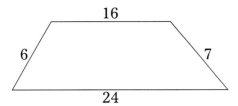

---

**123** Determinar a área do trapézio nos casos:

a)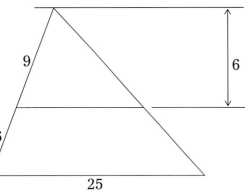

b)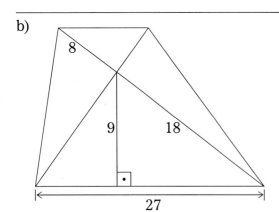

c)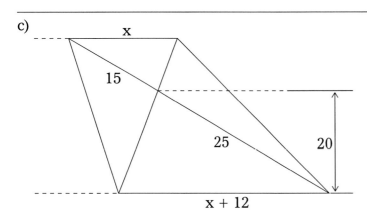

**124** Na figura temos um trapézio. Determinar x e y, medidas de segmentos paralelos às bases.

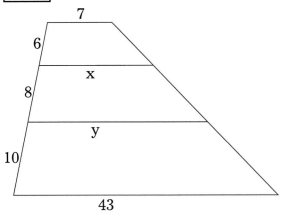

**125** Na figura temos um quadrado inscrito em um trapézio de bases com 6 m e 45 m e altura de 26 m. Determinar o lado do quadrado.

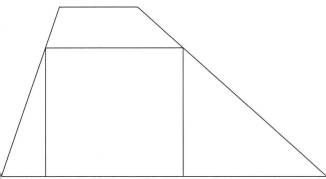

**126** Em cada caso temos circunferências tangentes e uma reta **t** tangente à elas. Determinar as incógnitas.

a)
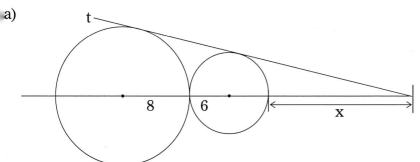

b)
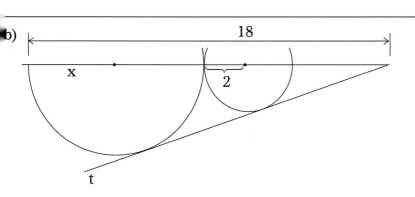

Resp: **117** a) 12   b) 4   **118** a) 6   b) 6   **119** 20   **120** a) 144 m²   b) 180 m²   **121** a) 675 m²   b) 635 m²

87

**127** Determinar a incógnita, nos casos:

a)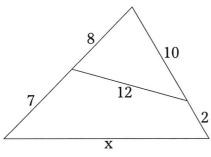

b)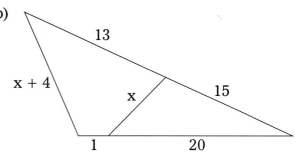

**128** Em cada caso temos quadrados inscritos em um ângulo. Determinar a área do quadrado sombreado.

a)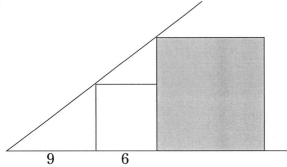

b)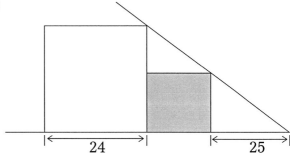

**129** Determinar as áreas dos triângulos sombreados no trapézio dado.

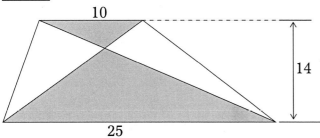

**130** Na figura temos um trapézio. Determinar a área sombreada.

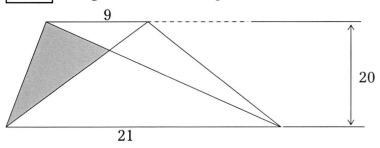

**131** Em cada caso temos um trapézio onde são dados as bases e a altura. Determinar a área do
a) Menor triângulo obtido quando os lados oblíquos às bases são prolongados.
b) Maior triângulo obtido quando os lados oblíquos às bases são prolongados.

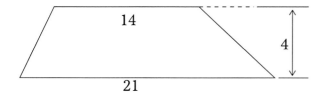
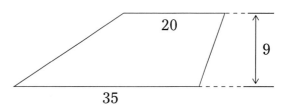

Resp: **122** 42   **123** a) 80 m²   b) 253,5 m²   c) 768 m²   **124** x = 16, y = 28   **125** 18 m   **126** a) 36   b) 3 ou 6

**132** Na figura temos duas circunferências tangentes, inscritas em um ângulo. Determinar a área do círculo menor.

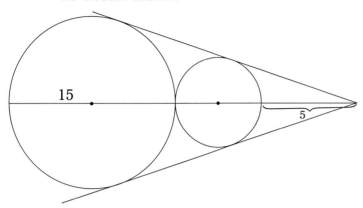

**133** Na figura temos um círculo tangente a outros dois e os três inscritos em um ângulo. Determinar a área do que é tangente aos outros dois.

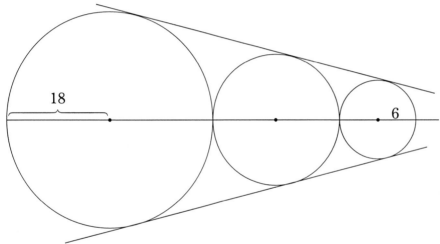

**134** Na figura temos uma circunferência tangente a outras duas e as três inscritas em um ângulo. Sendo a e b os raios da menor e maior, determinar o raio x da outra.

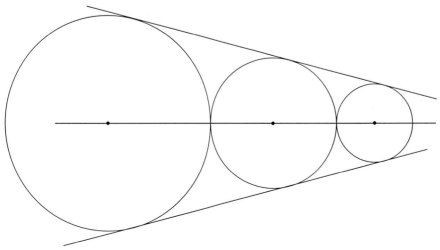

**135** Na figura temos um trapézio com segmentos internos paralelos as bases. Determine a área do trapézio cujas bases são esses segmentos paralelos às bases.

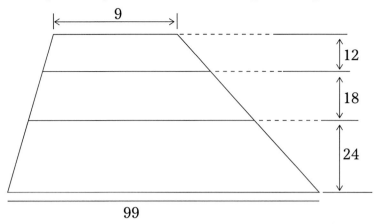

**136** Na figura temos um quadro inscrito em um trapézio com bases de 9 m e 42 m e altura de 44 m. Determinar a área deste quadrado.

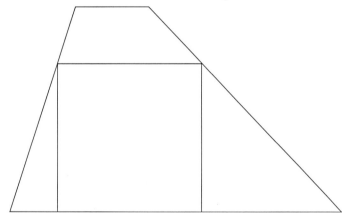

**137** Um quadrado com lados paralelos às diagonais de um losango está inscrito neste losango de diagonais com 30 m e 20 m. Qual é a área deste quadrado?

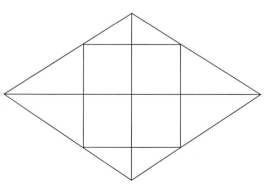

Resp: **127** a) 18  b) 10    **128** a) 100 m²  b) 225 m²    **129** 20 m² , 125 m²    **130** 63 m²    **131** a) 56 m²  b) 367,5 m²

**138** Em cada caso temos uma circunferência e duas cordas ou duas retas secantes ou uma reta secante e uma tangente. Determinar uma relação entre os segmentos indicados na figura.

a)
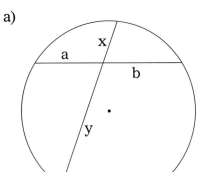

b)
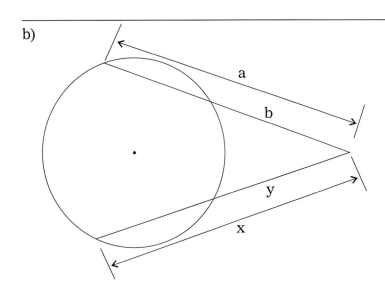

c)
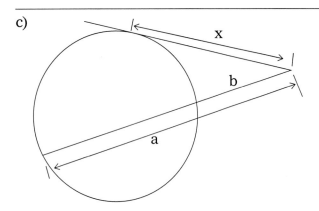

**139** Na figura temos um losango. Determinar o lado em função de a e b indicados na figura.

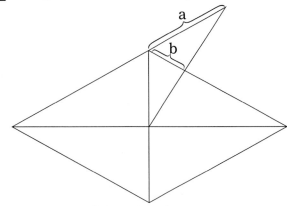

**140** Dados α e β determinar x e y.

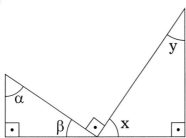

**141** Determinar x na figura dada.

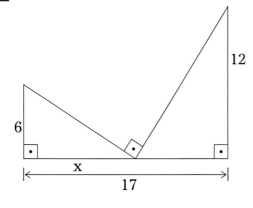

**142** Na figura temos um triângulo retângulo e a altura relativa à hipotenusa. Dados α e β, determinar x e y.

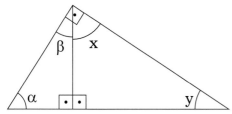

**143** Determinar a incógnita, nos casos:

a)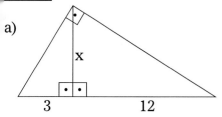

b)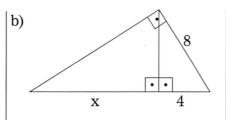

c)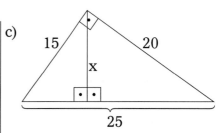

Resp: **132** $25\pi\ m^2$  **133** $108\pi\ m^2$  **134** $x = \sqrt{ab}$  **135** $792\ m^2$  **136** $576\ m^2$  **137** $144\ m^2$

**144** Em cada caso temos um triângulo retângulo e a altura relativa à hipotenusa. Determinar uma relação entre as medidas indicadas na figura.

a)
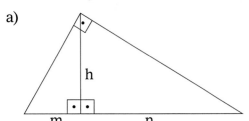

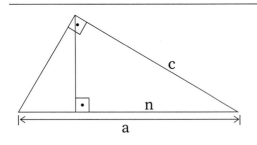

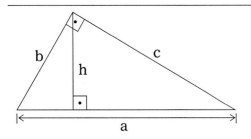

**145** Os segmentos "marcados" com setas são paralelos. Determine x.

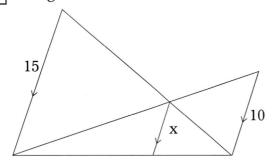

**146** Os segmentos a, b e x são paralelos determine x em função de a e b.

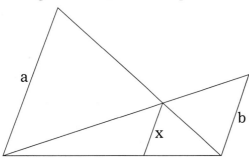

**147** Em cada caso temos um trapézio ABCD. Mostrar o que se pede.

a) Mostre que $\dfrac{x}{y} = \dfrac{a}{b}$

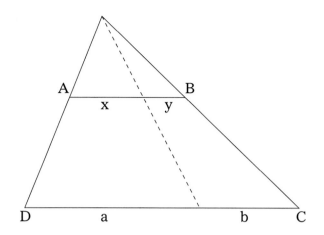

b) Mostre que $\dfrac{x}{y} = \dfrac{b}{a}$

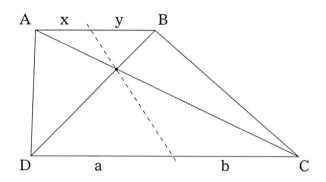

c) Sendo Q o ponto de intersecção das diagonais e P o de intersecção das retas que contêm os lados oblíquos às bases, mostre que a reta PQ passa pelos pontos médios das bases.

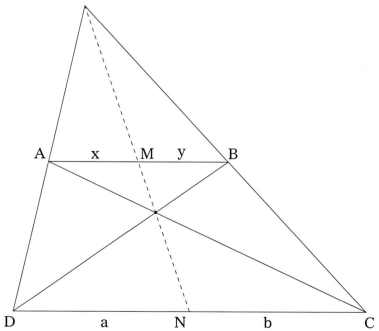

Resp: **138** a) xy = ab    b) xy = ab    c) x² = ab    **139** $\dfrac{ab}{a-b}$    **140** x = α, y = β
**141** x = 8 ou x = 9    **142** x = α, y = β    **143** a) 6    b) 12    c) 12

**148** Resolver os seguintes problemas:

a) Dois triângulos são semelhantes e os lados de um medem 12 m, 15 m e 18 m. Se o perímetro do outro é de 120 m, determinar os seus lados.

b) Dois triângulos são semelhantes e têm 34 m e 85 m de perímetro. Um lado de um mede 8 m e um lado do outro mede 30 m. Determinar os outros lados desses triângulos.

c) Quatro retas paralelas a um lado de um triângulo dividem a altura relativa a este lado em 5 partes iguais, determinando neste triângulo 10 trapézios. Se o menor tem 27 m², qual é a área do maior?

d) A altura relativa ao lado BC de um triângulo ABC mede 12 m. Uma reta paralelo ao lado BC, distante 4 m deste, determina neste triângulo um trapézio de 50 m². Determinar BC.

**149** Dois triângulos semelhantes têm 52 m e 91 m de perímetro. Se o menor tem 48 m² de área, qual é a área do outro?

**150** Um triângulo ABC tem BC = 88 m e altura relativa a A igual a 33 m. Determinar a área do quadrado, com um lado sobre BC, inscrito neste triângulo.

**151** Em um triângulo ABC, com BC = 24 m e altura relativa a A com 18 m, está inscrito um retângulo de 44 m de perímetro que tem um lado sobre BC. Qual é a área deste retângulo?

**152** Um trapézio com bases de 20 m e 84 m tem 48 m de altura. Qual é a área de um quadrado, inscrito neste trapézio, com um lado sobre a base maior?

Resp: **144** a) $h^2 = mn$   b) $c^2 = an$   c) $ah = bc$   **145** 6   **146** $\frac{ab}{a+b}$   **148** a) 32 m, 40 m, 48 m
b) 12 m e 14 m, 20 m e 35 m   c) 216 m²   d) 15 m   **149** 147 m²   **150** 576 m²   **151** 96 m²   **152** 1296 m²

# IV TEOREMA DE PITÁGORAS

Pitágoras de Samos [ 571/570 AC (Samos, Grécia) - 496/495 AC (Mataponto, Itália)]

A – **Teorema de Pitágoras** [É o mais famoso teorema da matemática]

"Em todo triângulo retângulo a área do quadrado construído sobre a hipotenusa é igual à soma das áreas dos quadrados construídos sobre os catetos".

O mais famoso de todos os triângulos (3, 4, 5)

3 e 4 são os catetos. 5 é a hipotenusa

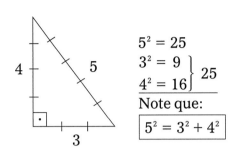

$5^2 = 25$
$\left. \begin{array}{l} 3^2 = 9 \\ 4^2 = 16 \end{array} \right\} 25$

Note que:
$\boxed{5^2 = 3^2 + 4^2}$

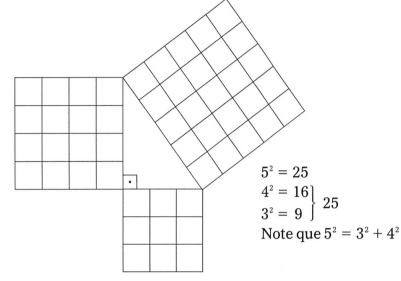

$5^2 = 25$
$\left. \begin{array}{l} 4^2 = 16 \\ 3^2 = 9 \end{array} \right\} 25$

Note que $5^2 = 3^2 + 4^2$

"O quadrado da medida da hipotenusa é igual à soma dos quadrados das medidas dos catetos"

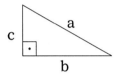

Em símbolos:

$\boxed{a^2 = b^2 + c^2}$

O livro "The Pythagorean Proposition", de Elisha Scott Loomis, contém mais de 360 demonstrações diferentes do teorema de Pitágoras.

Vamos ver uma usando áreas.

Consideremos um triângulo retângulo de catetos **b** e **c** e hipotenusa **a**.

Vamos construir um quadrado de lado b + c e assinalar sobre cada lado um ponto que divide cada lado em partes **b** e **c**, como mostra a figura. Note que a figura determinado por estes pontos é um quadrado de lado **a**. Sendo α e β os ângulos agudos do triângulo retângulo, observe que α + β = 90°, donde se conclui que o ângulo do quadrilátero de lado **a** é reto. Ele é um quadrado de lado **a**.

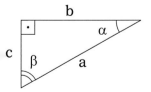

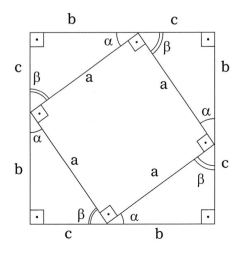

Note que a área do quadrado de lado (b + c) é igual à soma do quadrado de lado **a** com 4 triângulos retângulos de catetos **b** e **c**. Então:

$(b + c)^2 = a^2 + 4\left[\dfrac{bc}{2}\right] \Rightarrow$

$b^2 + 2bc + c^2 = a^2 + 2bc \Rightarrow$

$\boxed{b^2 + c^2 = a^2}$ ou $\boxed{a^2 = b^2 + c^2}$

## B – Recíproco de teorema de Pitágoras

"Se em um triângulo, o quadrado de um lado é igual à soma dos quadrados dos outros dois, então ele é um triângulo retângulo.

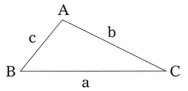

$a^2 = b^2 + c^2 \Rightarrow \hat{A}$ é reto

**Demonstração**: Vamos construir um triângulos retângulo A'B'C' com catetos **b** e **c** e hipotenusa a', com A' sendo ângulo reto.

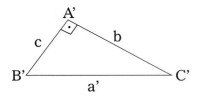

Pelo teorema de Pitágoras obtemos:

$a'^2 = b^2 + c^2$. Então:

$a'^2 = b^2 + c^2$ e $a^2 = b^2 + c^2$ (hipótese), donde obtemos que a' = a.

Então pelo caso LLL de congruência de triângulos, obtemos que ABC e A'B'C' são congruentes. Então, como A' = 90°, obtemos que $\hat{A}$ = 90°. Se $\hat{A}$ é reto, então o triângulo ABC é triângulo retângulo.

## C – Triângulos pitagóricos

Se as medidas dos lados de um triângulo retângulo são (ou podem ser) expressas em uma mesma unidade por números inteiros, dizemos que ele é um triângulo pitagórico.

Os dois ternos pitagóricos primitivos mais conhecidos (3, 4, 5) e (5, 12, 13)

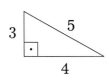 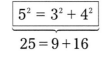 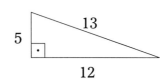

Mais alguns ternos pitagóricos primitivos e os semelhantes:

1) (3, 4, 5) , (6, 8, 10) , (9, 12, 15) , (12, 16, 20) , (15, 20, 25), ...

2) (5, 12, 13) , (10, 24, 26) , (15, 36, 39), ...

3) (7, 24, 25) , (14, 48, 50) , ...

4) (8, 15, 17) , (16, 30, 34) , ...

5) (9, 40, 41) , (18, 80, 82) , ...

6) (11, 60, 61) , (22, 120, 122) , ...

7) (12, 35, 37) , (24, 70, 74) , ...

D – **Principais consequências**

D1 – **Diagonal d de um quadrado em função do lado a**

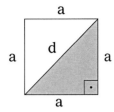

$d^2 = a^2 + a^2 \Rightarrow d^2 = 2a^2 \Rightarrow \boxed{d = a\sqrt{2}}$

---

D2 – **Altura h e área S de um triângulo equilátero em função do lado a**

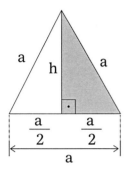

1) $h^2 + \left(\dfrac{a}{2}\right)^2 = a^2 \Rightarrow h^2 + \dfrac{a^2}{4} = a^2 \Rightarrow 4h^2 + a^2 = 4a^2 \Rightarrow$

$\Rightarrow 4h^2 = 3a^2 \Rightarrow h^2 = \dfrac{3a^2}{4} \Rightarrow \boxed{h = \dfrac{a\sqrt{3}}{2}}$

2) $S = \dfrac{ah}{2} \Rightarrow S = \dfrac{a}{2} \cdot h \Rightarrow S = \dfrac{a}{2} \dfrac{a\sqrt{3}}{2} \Rightarrow \boxed{S = \dfrac{a^2\sqrt{3}}{4}}$

---

D3 – **Diagonal menor d e área S do hexágono regular em função do lado a**

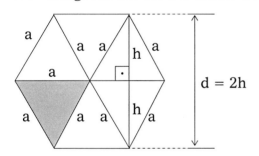

O hexágono regular é a união de 6 triângulos equiláteros. Então:

$d = 2h$

1) $d = 2h \Rightarrow d = 2\left(\dfrac{a\sqrt{3}}{2}\right) \Rightarrow \boxed{d = a\sqrt{3}}$

2) $S = 6\,[A_{\Delta\text{equilátero}}] \Rightarrow \boxed{S = 6\left[\dfrac{a^2\sqrt{3}}{4}\right]}$

Note que a diagonal maior é 2a

---

D4 – **Hipotenusa d de um triângulo retângulo isósceles de cateto a**

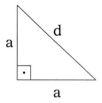

$d^2 = a^2 + a^2 \Rightarrow d^2 = 2a^2$

$\Rightarrow \boxed{d = a\sqrt{2}}$

Ele é a medade de um quadrado

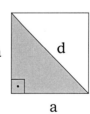

A hipotenusa de um triângulo retângulo isósceles de cateto a é igual à diagonal de um quadrado de lado a.

---

D5 – **Área de um triângulo equilátero em função da altura h**

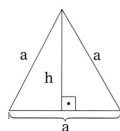

1) $h = \dfrac{a\sqrt{3}}{2} \Rightarrow a = \dfrac{2h}{\sqrt{3}}$

2) $S = \dfrac{a^2\sqrt{3}}{4} \Rightarrow S = a^2 \dfrac{\sqrt{3}}{4} = \left(\dfrac{2h}{\sqrt{3}}\right)^2 \cdot \dfrac{\sqrt{3}}{4} \Rightarrow \boxed{S = \dfrac{h^2\sqrt{3}}{3}}$

**Exemplo 1**: Determinar a incógnita, nos casos:

a)
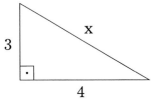

$x^2 = 3^2 + 4^2 \Rightarrow$

$x^2 = 25 \Rightarrow \boxed{x = 5}$

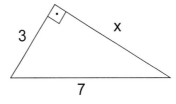

$x^2 + 3^2 = 7^2 \Rightarrow$

$x^2 = 49 - 9 = 40 \Rightarrow$

$x^2 = 4 \cdot 10 \Rightarrow \boxed{x = 2\sqrt{10}}$

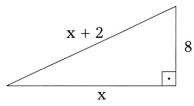

$(x + 2)^2 = x^2 + 8^2 \Rightarrow$

$x^2 + 4x + 4 = x^2 + 64 \Rightarrow$

$4x = 60 \Rightarrow \boxed{x = 15}$

**Exemplo 2**: Resolver:

a) Determinar a altura relativa à base de um triângulo isósceles de base 8 m e perímetro 28 m.

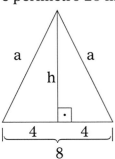

1) $2a + 8 = 28 \Rightarrow a = 10$
2) $h^2 + 4^2 = a^2 \Rightarrow$
   $h^2 + 16 = 100 \Rightarrow$
   $h^2 = 84 = 4 \cdot 21 \Rightarrow$
   $\boxed{h = 2\sqrt{21}}$

b) Determinar o lado de um losango com diagonais de 16 cm e 12 cm.

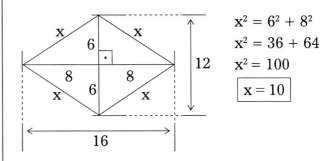

$x^2 = 6^2 + 8^2$

$x^2 = 36 + 64$

$x^2 = 100$

$\boxed{x = 10}$

c) Determinar o lado oblíquo as bases de um trapézio retângulo com bases de 2 m e 6 m e altura de 3 m.

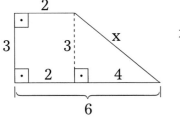

$x^2 = 3^2 + 4^2$

$x^2 = 25$

$\boxed{x = 5}$

d) Duas circunferências de raios 2 cm e 5 cm são tangentes externamente. Determinar o segmento não nulo com uma extremidade em cada uma, contido em uma reta tangente a ambas.

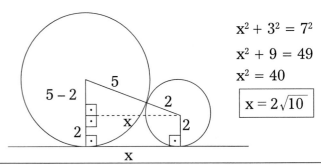

$x^2 + 3^2 = 7^2$

$x^2 + 9 = 49$

$x^2 = 40$

$\boxed{x = 2\sqrt{10}}$

e) Determinar a menor altura de um triângulo com lados de 16 m, 20 m e 24 m

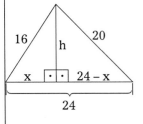

$\begin{cases} h^2 + x^2 = 16^2 \\ h^2 + (24-x)^2 = 20^2 \end{cases}$

$\begin{cases} -h^2 - x^2 = -256 \\ h^2 + 576 - 48x + x^2 = 400 \end{cases}$

$576 - 48x = 144 \Rightarrow$

$\Rightarrow -48x = -432 \Rightarrow \boxed{x = 9} \Rightarrow$

$\Rightarrow h^2 + 9^2 = 16^2 \Rightarrow h^2 = 16^2 - 9^2 \Rightarrow$

$h^2 = (16 + 9)(16 - 9) = 25 \cdot 7 \Rightarrow \boxed{h = 5\sqrt{7}}$

f) Determinar altura de um trapézio com bases de 2 m e 23 m e os outros lados com 10 m e 17 m.

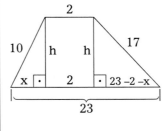

$\begin{cases} h^2 + x^2 = 10^2 \\ h^2 + (21-x)^2 = 17^2 \end{cases}$

$\begin{cases} -h^2 - x^2 = -100 \\ h^2 + 441 - 42x + x^2 = 289 \end{cases}$

$441 - 42x = 189 \Rightarrow$

$\Rightarrow 42x = 252 \Rightarrow \boxed{x = 6} \Rightarrow$

$h^2 + 6^2 = 10^2 \Rightarrow h^2 = 64 \Rightarrow \boxed{h = 8}$

**153** Escrever a relação (teorema de Pitágoras) entre as incógnitas, nos casos:

a)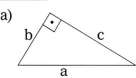
b)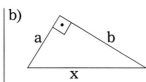
c)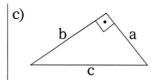
d)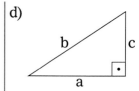

e)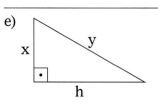
f)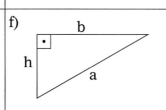
g)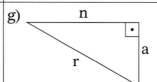
h)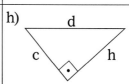

**154** Escrever as expressões do teorema de Pitágoras, nos casos:

a)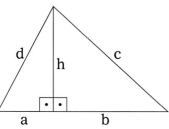
b)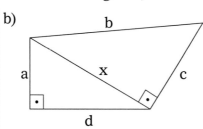
c)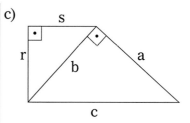

d)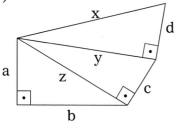
e) Trapézio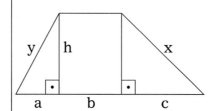
f)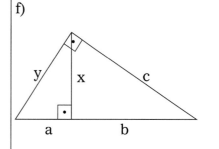

**155** Determinar as potências e verificar se as sentenças são verdadeiras:

a) $13^2 = 12^2 + 5^2$
b) $9^2 + 12^2 = 15^2$
c) $17^2 = 8^2 + 15^2$

**156** Completar:

a) $11^2 =$  $12^2 =$  $13^2 =$  $14^2 =$

b) $15^2 =$  $16^2 =$  $17^2 =$  $18^2 =$

c) $19^2 =$  $20^2 =$  $21^2 =$  $22^2 =$

d) $23^2 =$  $24^2 =$  $25^2 =$  $26^2 =$

e) $27^2 =$  $28^2 =$  $29^2 =$  $30^2 =$

f) $35^2 =$  $45^2 =$  $55^2 =$  $65^2 =$

**157** Fatorando mentalmente, com um fator sendo o maior quadrado possível, determine:

a) $\sqrt{12} =$  $\sqrt{18} =$  $\sqrt{20} =$

b) $\sqrt{8} =$  $\sqrt{28} =$  $\sqrt{45} =$

c) $\sqrt{27} =$  $\sqrt{63} =$  $\sqrt{50} =$

d) $\sqrt{32} =$  $\sqrt{75} =$  $\sqrt{54} =$

e) $\sqrt{60} =$  $\sqrt{72} =$  $\sqrt{108} =$

**158** Determinar a hipotenusa do triângulo retângulo dado, nos casos:

a)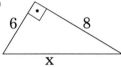

b)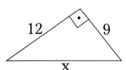

c)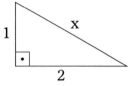

d)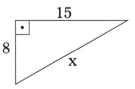

e)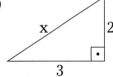

f)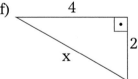

**159** Determinar a hipotenusa do triângulo retângulo, nos casos:

a)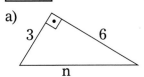

b)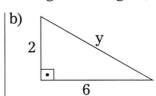

c)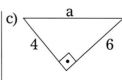

d)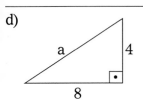

e)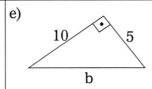

f)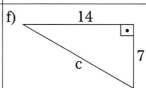

g)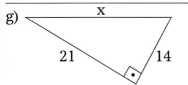

h)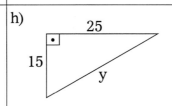

i)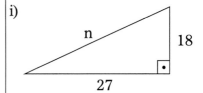

j)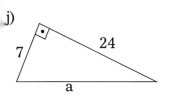

k)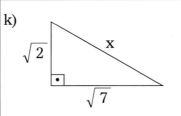

l)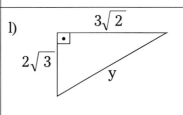

**Resp:** **153** a) $a^2 = b^2 + c^2$   b) $x^2 = a^2 + b^2$   c) $c^2 = a^2 + b^2$   d) $b^2 = a^2 + c^2$   e) $y^2 = x^2 + h^2$   f) $a^2 = b^2 + h^2$
g) $r^2 = a^2 + n^2$   h) $d^2 = h^2 + c^2$   **154** a) $d^2 = a^2 + h^2$, $c^2 = b^2 + h^2$   b) $x^2 = a^2 + d^2$, $b^2 = x^2 + c^2$
c) $b^2 = r^2 + s^2$, $c^2 = a^2 + b^2$   d) $z^2 = a^2 + b^2$, $z^2 + c^2 = y^2$, $x^2 = y^2 + d^2$   e) $h^2 + a^2 = y^2$, $h^2 + c^2 = x^2$
f) $y^2 = x^2 + a^2$, $c^2 = b^2 + x^2$, $(a+b)^2 = y^2 + c^2$   **155** a) V   b) V   c) V

**160** Determinar a hipotenusa do triângulo retângulo, nos casos:

**161** Determinar o cateto incógnito do triângulo retângulo, nos casos:

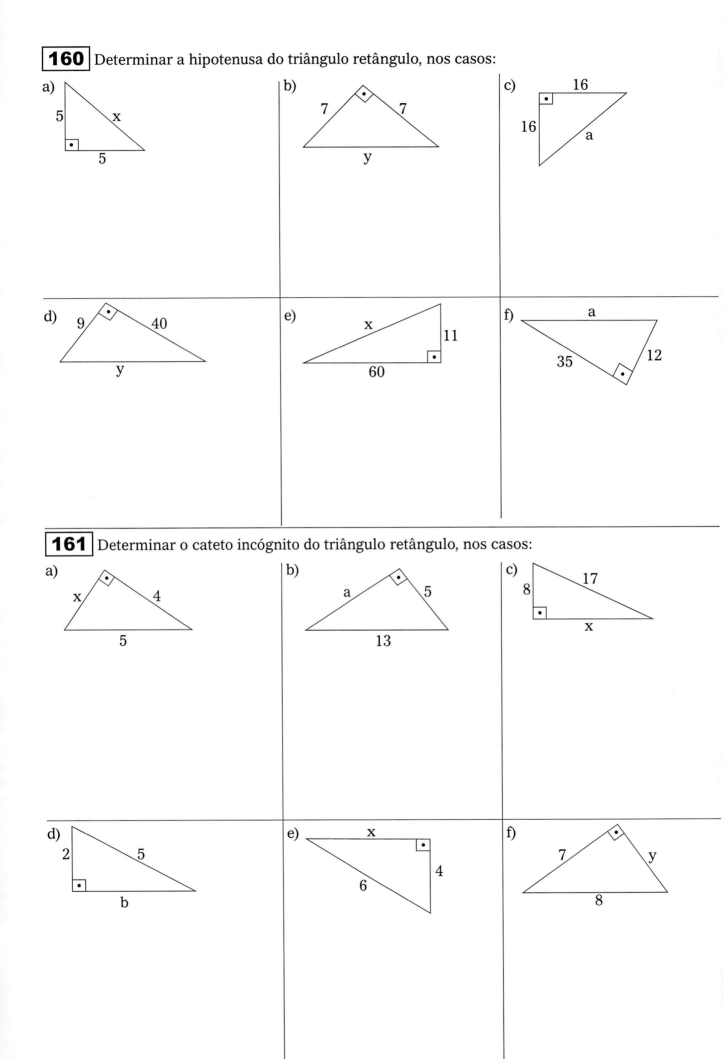

**162** Determinar o cateto incógnito do triângulo retângulo, nos casos:

a)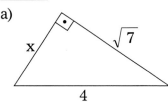

b)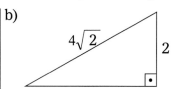

c)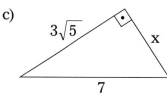

d)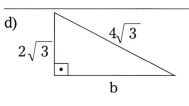

e)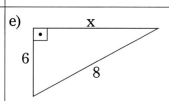

f)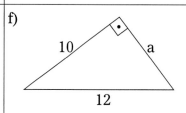

g)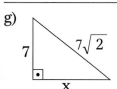

h)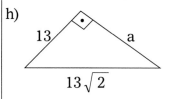

i)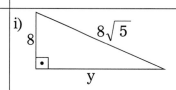

j)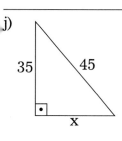

---

**Resp:** **156** a) 121, 144, 169, 196  b) 225, 256, 289, 324  c) 361, 400, 441, 484  d) 529, 576, 625, 676
e) 729, 784, 841, 900,  f) 1225, 2025, 3025, 4225  **157** a) $2\sqrt{3}$, $3\sqrt{2}$, $2\sqrt{5}$  b) $2\sqrt{2}$, $2\sqrt{7}$, $3\sqrt{5}$
c) $3\sqrt{3}$, $3\sqrt{7}$, $5\sqrt{2}$  d) $4\sqrt{2}$, $5\sqrt{3}$, $3\sqrt{6}$  e) $2\sqrt{15}$, $6\sqrt{2}$, $6\sqrt{3}$  **158** a) 10 b) 15 c) $\sqrt{5}$
d) 17  e) $\sqrt{13}$  f) $2\sqrt{5}$  **159** a) $3\sqrt{5}$  b) $2\sqrt{10}$  c) $2\sqrt{15}$  d) $4\sqrt{5}$
e) $5\sqrt{5}$  f) $7\sqrt{5}$  g) $7\sqrt{13}$  h) $5\sqrt{34}$  i) $9\sqrt{13}$  j) 25  k) 3  l) $\sqrt{30}$

**163** Determinar o cateto incógnito do triângulo retângulo, nos casos:

a)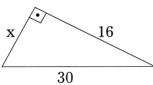
b)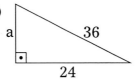
c)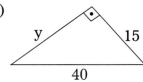

d)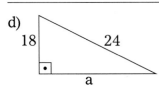
e)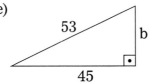
f)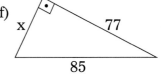

**164** Determinar a incógnita, nos casos:

a)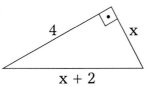
b)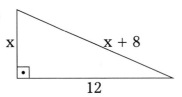
c)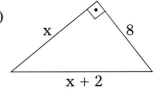

d)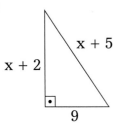
e)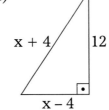

**165** Determinar a incógnita, nos casos:

a)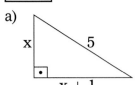

b)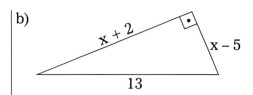

c)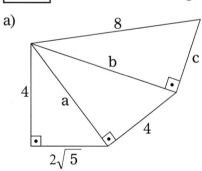

d)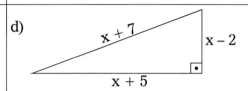

**166** Determinar as incógnitas, nos casos:

a)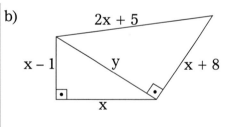

b)

**Resp**: **160** a) $5\sqrt{2}$ b) $7\sqrt{2}$ c) $16\sqrt{2}$ d) 41 e) 61 f) 37 **161** a) 3 b) 12 c) 15 d) $\sqrt{21}$ e) $2\sqrt{5}$ f) $\sqrt{15}$
**162** a) 3 b) $2\sqrt{7}$ c) 2 d) 6 e) $2\sqrt{7}$ f) $2\sqrt{11}$ g) 7 h) 13 i) 16 j) $20\sqrt{2}$

**167** Resolver:

a) Determinar a diagonal de um quadrado de lado 4 m.

b) Determinar a diagonal de um retângulo com lados de 4 m e 8 m.

c) Determinar o lado de um quadrado cuja diagonal mede 6 m.

d) A diagonal e um lado de um retângulo medem 7 m e 2 m. Determinar o outro lado.

e) Determinar o lado de um losango com diagonais de 6 m e 8 m.

f) Uma diagonal e um lado de um losango medem, respectivamente, 24 m e 13 m. Determinar a outra diagonal.

g) As bases de um trapézio retângulo medem 5 m e 9 m e o lado oblíquo às bases mede 6 m. Determinar a altura deste trapézio.

h) As bases de um trapézio retângulo medem, 2 m e 10 m e a altura mede $2\sqrt{2}$ m. Determinar o lado oblíquo às bases.

**168** Em cada caso temos um triângulo isósceles. Determinar o que se pede:

a) Os lados medem 15 m, 15 m e 18 m, determinar a altura relativa à base.

b) A base mede 30 m e a altura relativa à base 8 m. Determinar os outros lados.

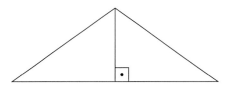
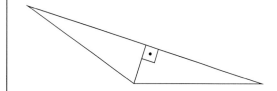

**169** Em cada caso temos um trapézio isósceles. Determinar o que se pede:

a) As bases medem 4 m e 16 m e os outros lados 8 m cada um. Determinar a altura.

b) As bases medem 20 m e 34 m e a altura 24 m. Determinar os outros lados.

**170** Em cada caso temos um triângulo equilátero. Determinar o que se pede:

a) A altura

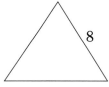

b) O lado

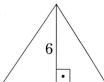

c) A altura

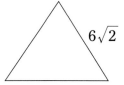

d) O lado

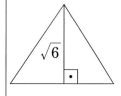

**Resp:** **163** a) $2\sqrt{161}$  b) $12\sqrt{5}$  c) $5\sqrt{55}$  d) $6\sqrt{7}$  e) 28  f) 36   **164** a) 3  b) 5  c) 15  d) 10  e) 9

**165** a) 4  b) 10  c) 12  d) 10   **166** a) $a = 6$, $b = 2\sqrt{13}$, $c = 2\sqrt{3}$  b) $x = 4$, $y = 5$

**171** Determinar a incógnita, nos casos:

a)

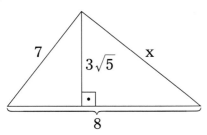

b) Trapézio

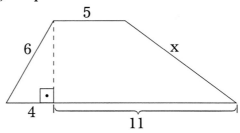

c) Paralelogramo

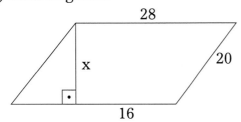

d) Losango

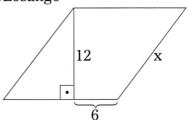

e) Trapézio

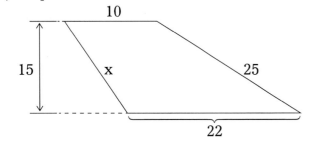

f) Triângulo

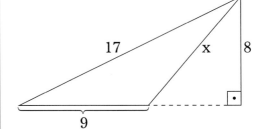

**172** Determinar a incógnita, nos casos:

a)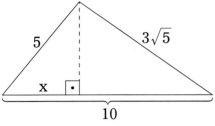

b)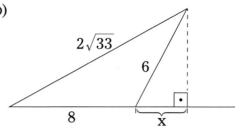

**173** Determinar a altura **h** do triângulo, nos casos:

a)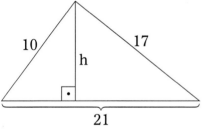

b)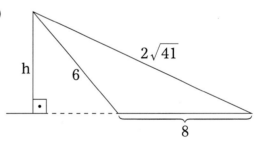

Resp: **167** a) $4\sqrt{2}$ b) $4\sqrt{5}$ c) $3\sqrt{2}$ d) $3\sqrt{5}$ e) 5 f) 5 g) $2\sqrt{5}$ h) $6\sqrt{2}$ **168** a) 12 b) 17 e 17
**169** a) $2\sqrt{7}$ b) 25 **170** a) $4\sqrt{3}$ b) $4\sqrt{3}$ c) $3\sqrt{6}$ d) $\sqrt{2}$

113

**174** Determinar a altura do trapézio, nos casos:

a)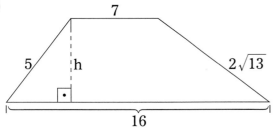
b)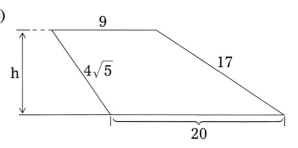

---

**175** Os lados de um triângulo isósceles medem $4\sqrt{2}$ m, 8 m e 8 m. Determinar as alturas relativas aos lados congruentes.

**1º modo**

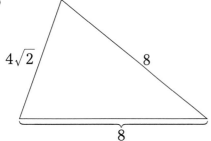

**2º modo** (Determinando primeiramente a altura **x** relativa à base)

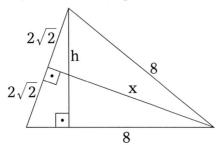

**176** Em cada caso temos um triângulo isósceles. Determinar:

a) A base, sabendo que a altura relativa a ela mede $8\sqrt{2}$ m e o seu perímetro é de 32 m.

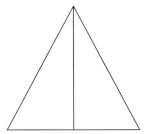

b) A altura relativa à base, sabendo que ela excede a base em 2 m e que o seu perímetro é de 36 m.

**177** Em cada caso temos um trapézio isósceles. Determinar a outra base.

a) A altura mede $2\sqrt{5}$ m, a base menor 2 m e o perímetro 24 m.

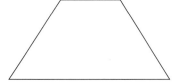

b) A altura mede $2\sqrt{7}$ m, a base maior 17 m e o perímetro 38 m.

Resp: **171** a) 9   b) $2\sqrt{14}$   c) 16   d) 15   e) 17   f) 10   **172** a) 4   b) 2   **173** a) 8   b) $2\sqrt{5}$

**178** Em cada caso temos um trapézio retângulo. Determinar a sua altura.

a) As suas bases medem 3 m e 9 m e o seu perímetro é de 30 m.

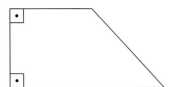

b) A base menor mede 8 m, o lado oblíquo as bases 13 m e o perímetro é de 46 m.

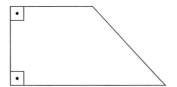

**179** Em cada caso é dado um trapézio. Determinar as suas diagonais:

a)

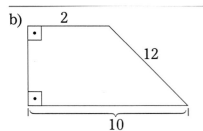

b)

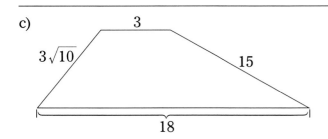

c)

116

**180** Os lados de um triângulo medem $3\sqrt{5}$ m, $3\sqrt{21}$ m e 18 m. Determinar a mediana relativa ao lado que mede 18 m.

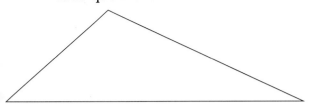

**181** Determinar a medida x da ceviana indicada na figura.

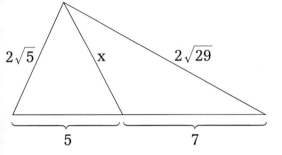

**182** Mostre que de acordo com as medidas indicadas na figura, temos $a^2 = b^2 + c^2 - 2bn$.

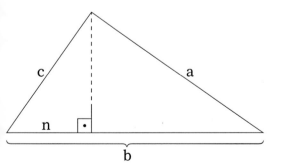

Resp: **174** a) 4    b) 8    **175** $2\sqrt{7}$ e $2\sqrt{7}$    **176** a) 8    b) 12    **177** a) 10    b) 5

**183** Mostre que a diagonal **d** de um quadrado de lado **a** é $d = a\sqrt{2}$.

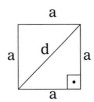

Agora, escrevendo primeiramente a fórmula $d = a\sqrt{2}$, determinar:

| a) A diagonal do quadrado | b) A diagonal do quadrado | c) A diagonal do quadrdo |
|---|---|---|
| 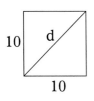 | 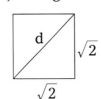 | 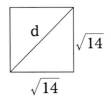 |
| d) O lado do quadrado | e) O lado do quadrado | f) O lado do quadrado |
|  |  |  |

**184** Mostre que a altura **h** de um triângulo equilátero de lado **a** é $h = \dfrac{a\sqrt{3}}{2}$.

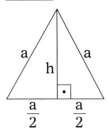

Agora, escrevendo primeiramente a fórmula $h = \dfrac{a\sqrt{3}}{2}$, determinar:

| a) A altura do equilátero. | b) A altura do equilátero. | c) A altura do equilátero. |
|---|---|---|
| 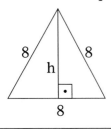 | 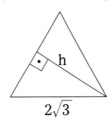 | 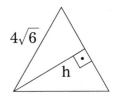 |
| d) O lado do equilátero. | e) O lado do equilátero. | f) O lado do equilátero. |
| 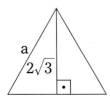 | 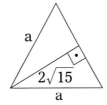 | 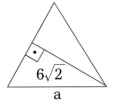 |

**185** Em cada caso considere um hexágono regular. Determinar:

a) A diagonal maior.

b) A diagonal menor.

c) O lado, se a diagonal menor é $5\sqrt{6}$.

d) O lado, se a diagonal menor é $9\sqrt{2}$.

**186** Sem fazer a figura, determinar:

a) A diagonal de um quadrado de lado 9.

b) O lado de um quadrado com diagonal 18.

c) A altura de um triângulo equilátero de lado 12.

d) O lado de um triângulo equilátero com altura $7\sqrt{3}$.

e) O lado de um triângulo equilátero de altura 24.

f) A diagonal maior de um hexágono regular de lado 11.

g) A diagonal menor de um hexágono regular de lado 14.

h) A diagonal menor de um hexágono regular com diagonal maior de 18.

i) O lado de um hexágono regular com diagonal menor de $6\sqrt{6}$.

Resp: **178** a) 8   b) 5 ou 12   **179** a) 17   b) $2\sqrt{21}$, $6\sqrt{5}$   c) $3\sqrt{13}$, $3\sqrt{34}$   **180** 6   **181** 5

**187** Observar:

$d^2 = a^2 + a^2 \Rightarrow d^2 = 2a^2 \Rightarrow \boxed{d = a\sqrt{2}}$

"A diagonal de um quadrado é igual ao **produto do lado por** $\sqrt{2}$"

Utilizando a informação dada, determinar a diagonal do quadrado, nos casos:

a)    b) 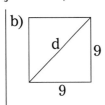   c) 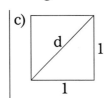   d) 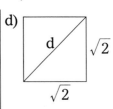   e)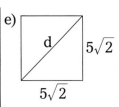

f) 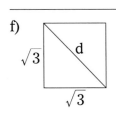   g) 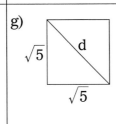   h) 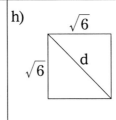   i) 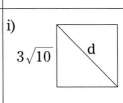   j)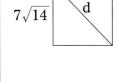

**188** Como um triângulo retângulo isósceles é a metade de um quadrado, a hipotenusa de um triângulo retângulo isósceles é o **produto do cateto por** $\sqrt{2}$.

Determinar a hipotenusa do triângulo retângulo isósceles, nos casos:

a) 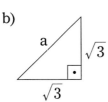   b) 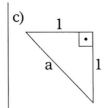   c) 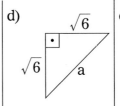   d)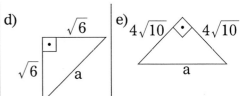

**189** Se $d = a\sqrt{2}$, então $a = \dfrac{d}{\sqrt{2}}$. Determinar o lado dos seguintes quadrados:

a)    b) 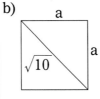   c) 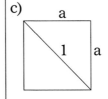   d)

e) 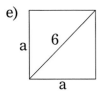   f) 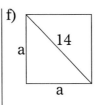   g)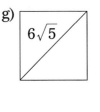

**190** Observar:

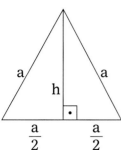

$$h = \frac{a\sqrt{3}}{2} \Rightarrow \boxed{h = \left(\frac{a}{2}\right)\sqrt{3}} \quad e \quad \boxed{\frac{a}{2} = \frac{h}{\sqrt{3}}}$$

"A **altura** de um triângulo equilátero é igual ao **produto da metade do lado por** $\sqrt{3}$.

"A **metade do lado** de um triângulo equilátero é a **altura dividida por** $\sqrt{3}$".

Em cada caso temos um triângulo equilátero. Determinar a incógnita.

a) 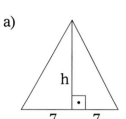   b) 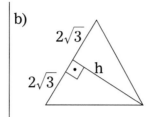   c)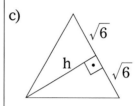

d) 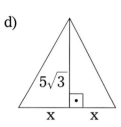   e) 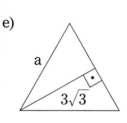   f)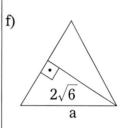

**191** Note que a metade de um triângulo equilátero é um triângulo retângulo com ângulos agudos de 30° e 60°. Observar:

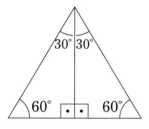 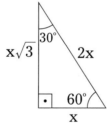 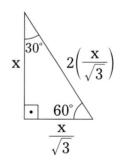 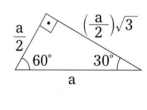

Determinar as incógnitas, nos casos:

a) 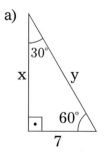   b) 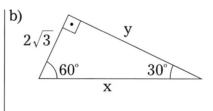   c)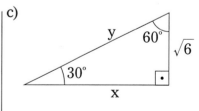

Resp: **183** a) $10\sqrt{2}$  b) 2  c) $2\sqrt{7}$  d) 5  e) $4\sqrt{2}$  f) $2\sqrt{3}$  **184** a) $4\sqrt{3}$  b) 3  c) $6\sqrt{2}$  d) 4  e) $4\sqrt{5}$  f) $4\sqrt{6}$
**185** a) 10  b) $7\sqrt{3}$  c) $5\sqrt{2}$  d) $3\sqrt{6}$  **186** a) $9\sqrt{2}$  b) $9\sqrt{2}$  c) $6\sqrt{3}$  d) 14  e) $16\sqrt{3}$
f) 22  g) $14\sqrt{3}$  h) $9\sqrt{3}$  i) $6\sqrt{2}$

**192** Em cada caso é dado um triângulo retângulo com ângulos agudos de 30° e 60° (ele é a metade de um triângulo equilátero). Determinar as incógnitas: (Olhar as figuras do exercício anterior).

a)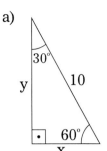

b)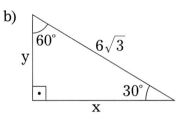

c)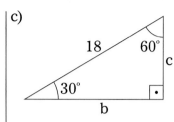

d)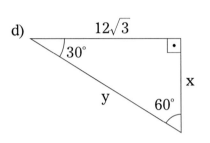

e)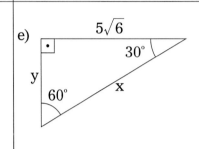

f)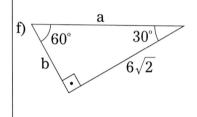

g)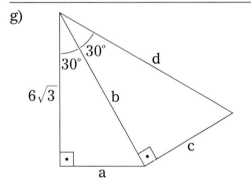

h)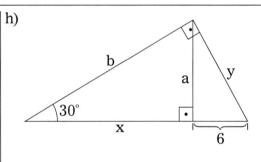

i)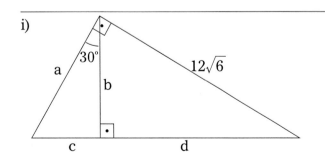

j)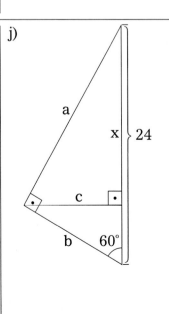

122

**193** Determinar as incógnitas, nos casos:

a)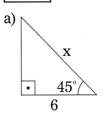

b)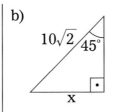

c)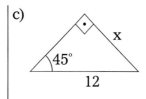

d)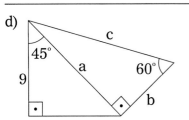

e)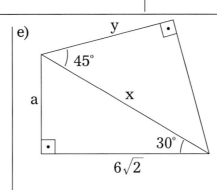

f)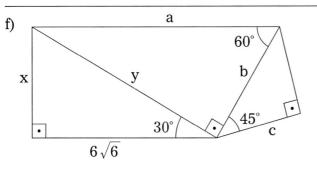

g)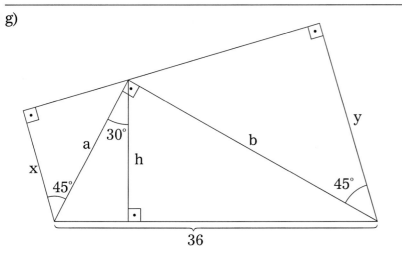

**Resp:** **187** a) $5\sqrt{2}$ b) $9\sqrt{2}$ c) $\sqrt{2}$ d) 2 e) 10 f) $\sqrt{6}$ g) $\sqrt{10}$ h) $2\sqrt{3}$ i) $6\sqrt{5}$ j) $14\sqrt{7}$

**188** a) $6\sqrt{2}$ b) $\sqrt{6}$ c) $\sqrt{2}$ d) $2\sqrt{3}$ e) $8\sqrt{5}$ **189** a) 7 b) $\sqrt{5}$ c) $\dfrac{\sqrt{2}}{2}$ d) $3\sqrt{5}$ e) $3\sqrt{2}$

f) $7\sqrt{2}$ g) $3\sqrt{10}$ **190** a) $7\sqrt{3}$ b) 6 c) $3\sqrt{2}$ d) 5 e) 6 f) $4\sqrt{2}$

**191** a) $x = 7\sqrt{3}$, $y = 14$ b) $x = 4\sqrt{3}$, $y = 6$ c) $y = 2\sqrt{6}$, $x = 3\sqrt{2}$

**194** Em cada caso temos uma corda ou um segmento de reta tangente à circunferência. Determinar a incógnita.

a) 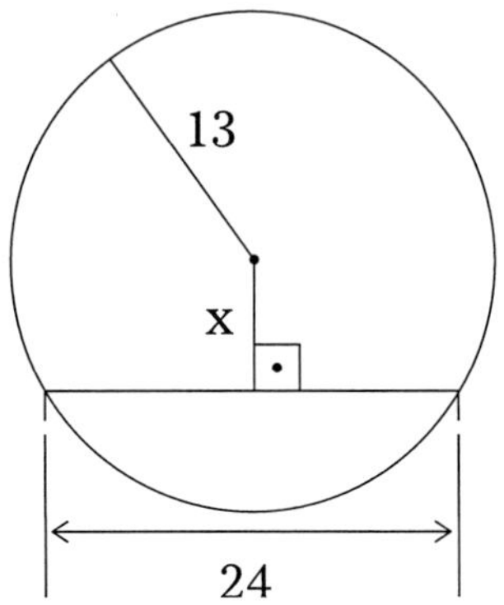 
b) 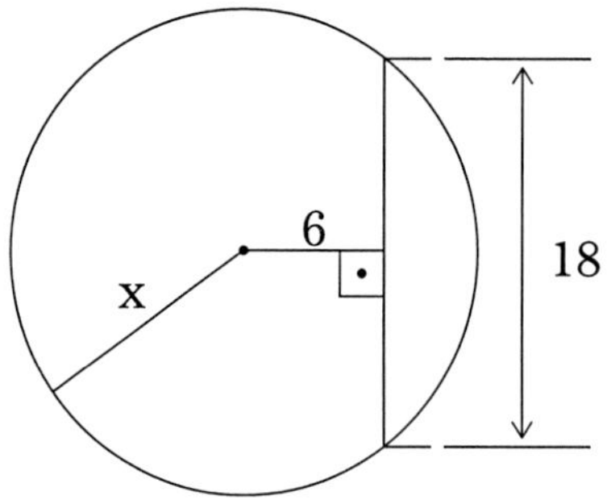 
c) 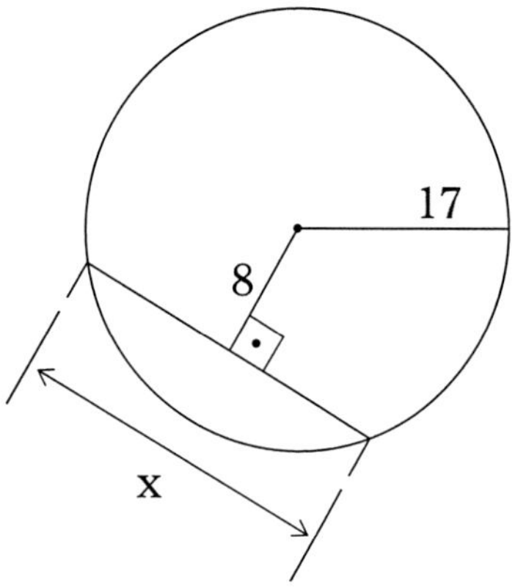 
d) 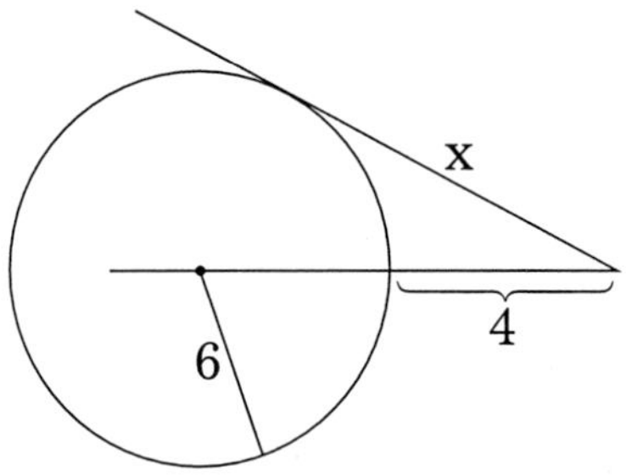 
e) 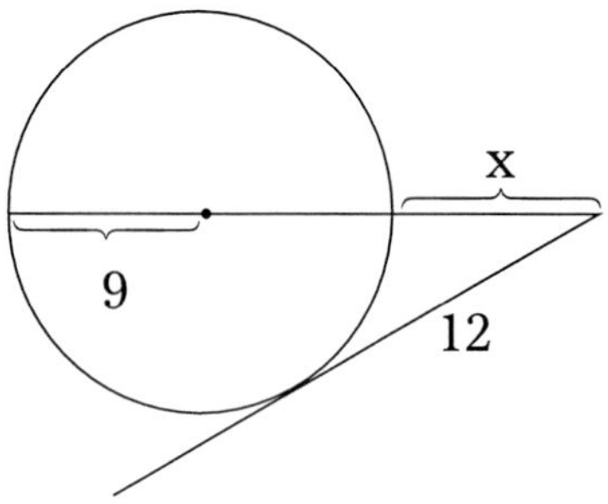 
f) 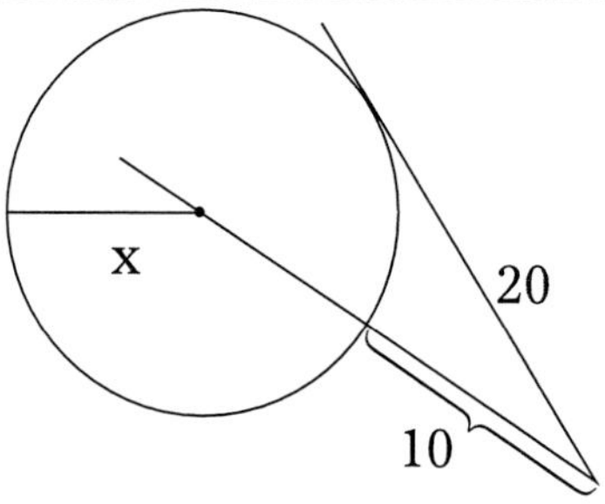 
g) 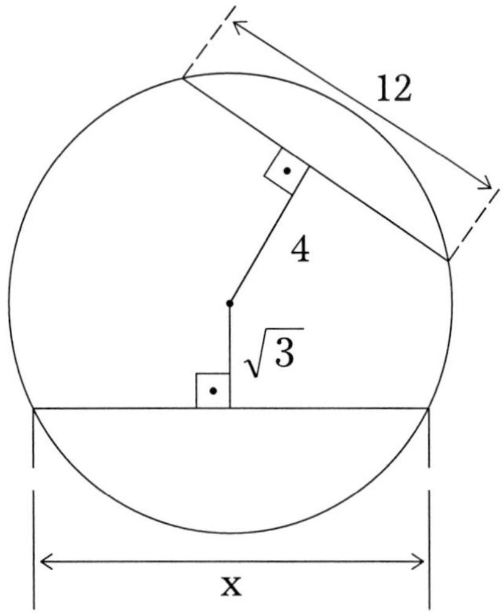 
h)

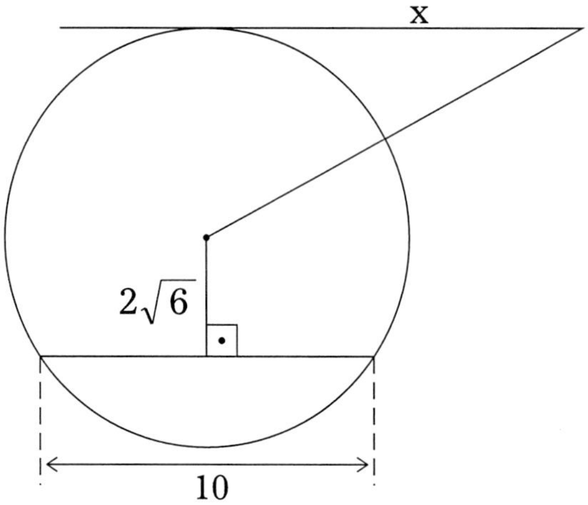

**195** Em cada caso temos uma reta tangente a duas circunferências. Determine x.

a)
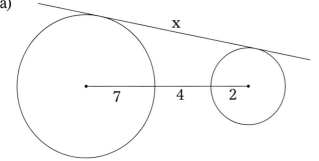

b)
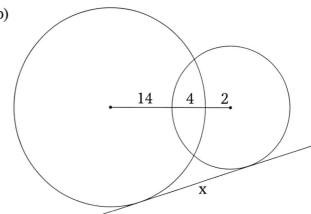

c)
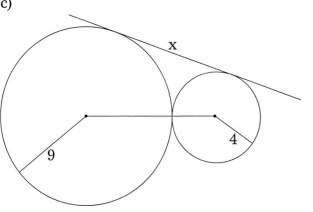

d) AB = 17
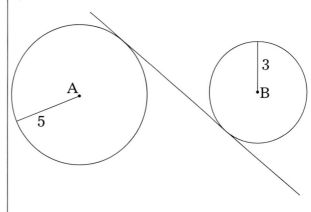

**196** Determinar o raio do círculo nos casos:

a)
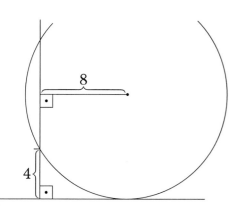

b) O raio é maior que 1.
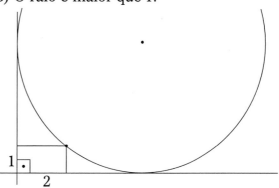

Resp: **192** a) $x = 5$, $y = 5\sqrt{3}$   b) $y = 3\sqrt{3}$, $x = 9$   c) $c = 9$, $b = 9\sqrt{3}$   d) $x = 12$, $y = 24$   e) $y = 5\sqrt{2}$, $x = 10\sqrt{2}$
f) $b = 2\sqrt{6}$, $a = 4\sqrt{6}$   g) $a = 6$, $b = 12$, $c = 4\sqrt{3}$, $d = 8\sqrt{3}$   h) $y = 12$, $a = 6\sqrt{3}$, $b = 12\sqrt{3}$, $x = 18$
i) $b = 6\sqrt{6}$, $d = 18\sqrt{2}$, $c = 6\sqrt{2}$, $a = 12\sqrt{2}$   j) $b = 12$, $a = 12\sqrt{3}$, $c = 6\sqrt{3}$, $x = 18$

**193** a) $6\sqrt{2}$   b) 10   c) $6\sqrt{2}$   d) $a = 9\sqrt{2}$, $b = 3\sqrt{6}$, $c = 6\sqrt{6}$   e) $a = 2\sqrt{6}$, $x = 4\sqrt{6}$, $y = 4\sqrt{3}$
f) $x = 6\sqrt{2}$, $y = 12\sqrt{2}$, $b = 4\sqrt{6}$, $c = 4\sqrt{3}$, $a = 8\sqrt{6}$   g) $a = 18$, $b = 18\sqrt{3}$, $x = 9\sqrt{2}$, $y = 9\sqrt{6}$, h) $9\sqrt{3}$

**197** Determinar o raio do círculo, nos casos:

a) Catetos de 7 e 24

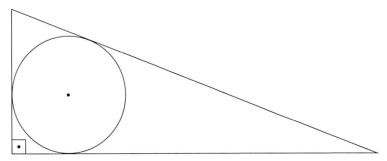

b)

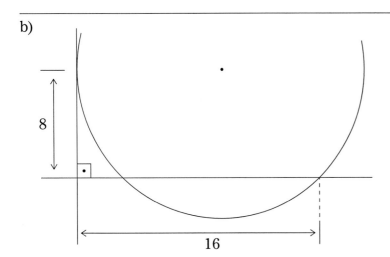

**198** Determinar o raio do círculo menor, nos casos:

a)

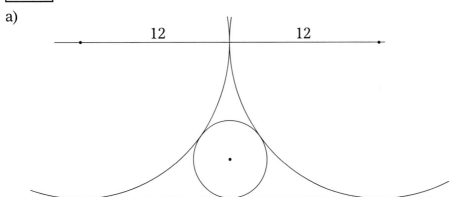

b) Dados três semi-círculos de diâmetros 24, 12 e 12.

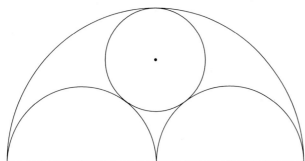

**199** Em cada caso temos um triângulo isósceles de base BC inscrito em uma circunferência. Determinar o raio.

a)
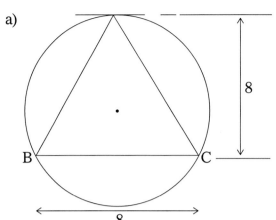

b)
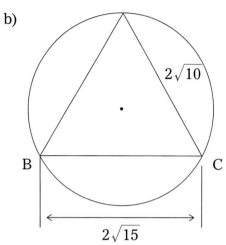

c)
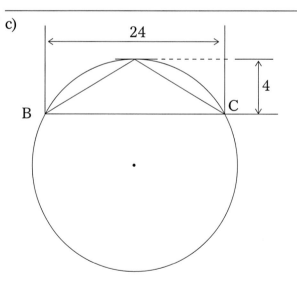

d)
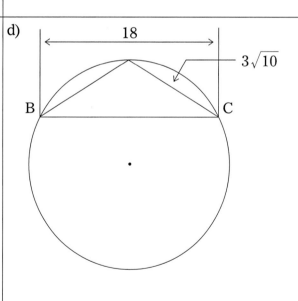

**Resp**: **194** a) 5  b) $3\sqrt{13}$  c) 30  d) 8  e) 6  f) 15  g) 14  h) 24   **195** a) 12  b) 16  c) 12  d) 15   **196** a) 10  b) 5

**200** Determinar o raio da circunferência, nos casos:

a) Duas cordas dela, de 12 m e 16 m, são perpendiculares e têm uma extremidade em comum.

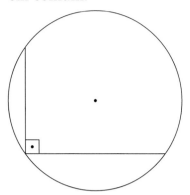

b) Ela passa por dois vértices consecutivos e tangencia o lado oposto de um quadrado de 24 m de lado.

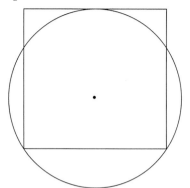

**201** Resolver:

a) Na figura temos um retângulo com lados de 20 m e 25 m. Os três círculos são tangentes entre si. Os que tangenciam dois lados do retângulo têm raios de 5 m. Determinar o raio do que tangencia apenas um lado.

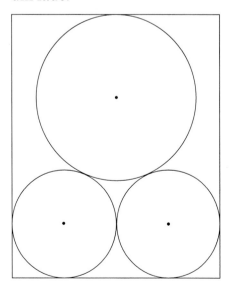

b) Na figura temos um quadrado de 16 m de lado e dois arcos de 90°, de 16 m de raio, com centros nas extremidades de um lado. Determinar o raio da circunferência que tangencia estes arcos e o lado oposto aquele dos centros dos arcos.

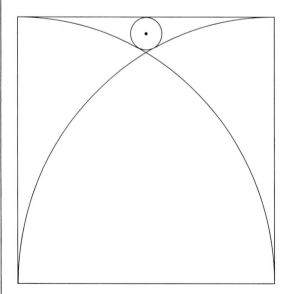

**202** Em cada caso há um trapézio circunscritível (há uma circunferência que tangencia todos os seus lados). Determine o raio da circunferência, inscrita.

a) Trapézio isósceles com bases de 4 m e 16 m.

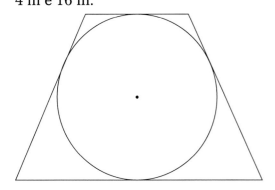

b) Trapézio retângulo com bases de 10 m e 15 m.

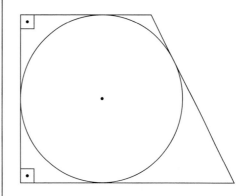

**203** Em cada caso temos uma circunferência e duas cordas paralelas. Determinar o raio:

a)

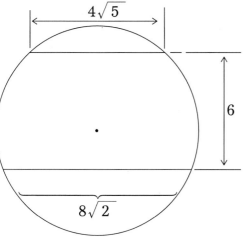

b)

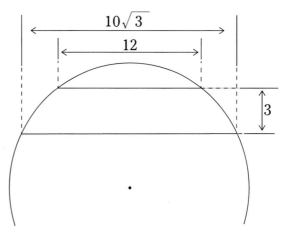

Resp: **197** a) 3   b) 10   **198** a) 3   b) 4   **199** a) 5   b) 4   c) 20   d) 15

**204** Em cada caso temos um círculo inscrito em um triângulo isósceles. Determinar o raio.

a) Os lados do triângulo medem 20 m, 20 m e 24 m.

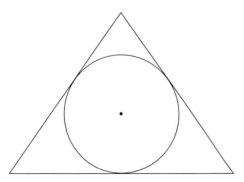

b) A base e a altura relativa a ela medem, respecitvamente 30 m e 36 m.

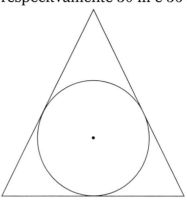

**205** Resolver:

a) Considere um quadrado de 8 m de lado com dois arcos de 90° e 8 m de raio com centros nas extremidades de um lado. Determine o raio da circunferência que tangencia os arcos e um lado, como mostra a figura.

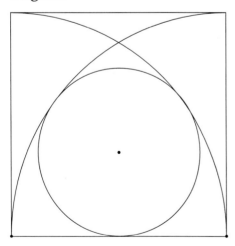

b) Na figura temos um triângulo isósceles de lados oblíquos as bases com $6\sqrt{13}$ m cada um. Se a circunferência circunscrita ao triângulo tem 13 m de raio, quanto mede a base do triângulo?

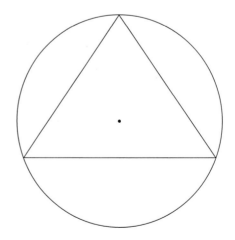

**206** Considere um quadrado de lado 6 m e nele dois arcos de 90°, de raio 6 m, com centros nas extremidades de um lado. Determinar o raio da circunferência que tangencia os dois arcos e um lado, como mostra a figura.

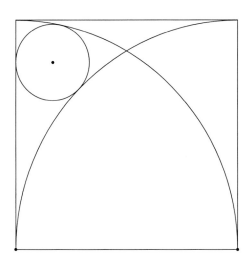

**207** Na figura temos um setor de 90° e raio 12 m e uma semi-circunferência de 12 m de diâmetro contida nele. Determinar o raio da circunferência tangente a um raio e aos arcos, como mostra a figura.

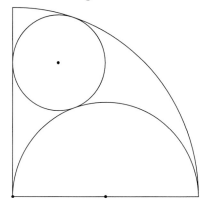

**208** Na figura temos 4 circunferências congruentes de raio r, cada uma tangente a outras duas e tangentes internamente a uma maior. Determinar o raio da maior em função de **r**.

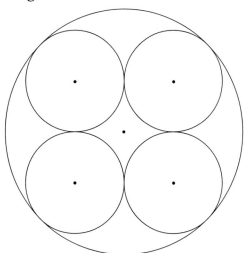

Resp: **200** a) 10  b) 15   **201** a) 8  b) 1   **202** a) 4  b) 6   **203** a) 6  b) 10

**209** Em cada caso temos um quadrado de lado **a** e um arco de circunferência com centro em um vértice e raio **a**. Determinar o raio da circunferência que tangencia dois lados do quadrado e o arco de circunferência, como mostra a figura.

a)
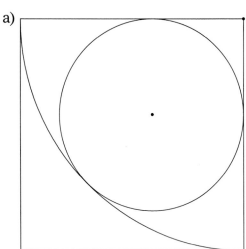

b)
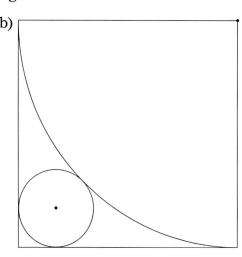

**210** Na figura temos duas semi-circunferências de diâmetros 18 m e 36 m. Determinar o raio da circunferência que tangencia uma internamente, a outra externamente e um diâmetro.

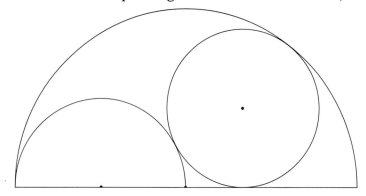

**211** Na figura temos cinco circunferências de raios iguais, com uma em cada canto do quadrado, tangenciando dois de seus lados e uma no centro tangenciando as outras quatro. Se o lado do quadrado é **a**, determinar, em função de **a**, o raio dessas circunferências.

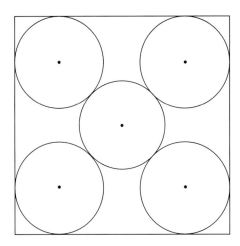

**212** Na figura temos um retângulo ABCD com AB = 4 m e nele um arco de 180° e diâmetro AB e um arco de 90° com centro C e raio 4 m, tangentes entre si. Determinar o raio da circunferência que tangencia esses arcos e AD.

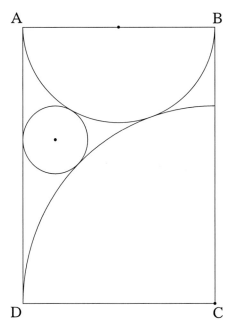

Resp: **204** a) 6   b) 10   **205** a) 3   b) 24   **206** 1   **207** 3   **208** $(\sqrt{2}+1)r$

**213** Determinar a área do polígono, nos casos:

Obs: O metro (m) é a unidade das medidas indicadas na figura.

a) Retângulo

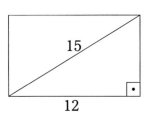

b) Paralelogramo

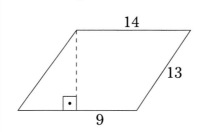

c) Trapézio retângulo

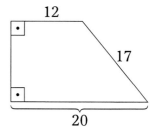

d) Trapézio isósceles

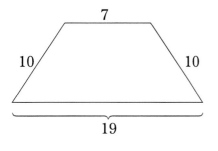

e) Losango

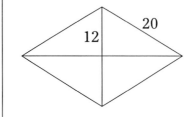

f) Trapézio retângulo

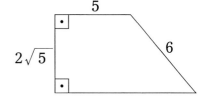

g) Triângulo retângulo

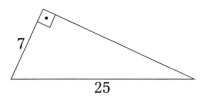

h) Paralelogramo

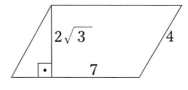

i) Losango

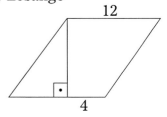

**214** Determinar a área do triângulo isósceles, nos casos:

a)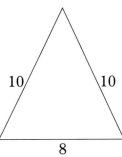

b)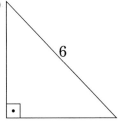

c)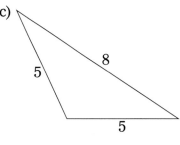

**215** Determinar a área do polígono, nos casos:

a) Triângulo isósceles com 50 m de perímetro.

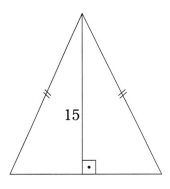

b) Trapézio retângulo com 44 m de perímetro.

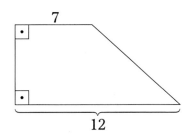

c) Trapézio isósceles com 60 m de perímetro.

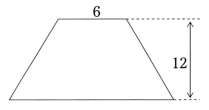

Resp: **209** a) $(\sqrt{2} - 1)a$  b) $(3 - 2\sqrt{2})a$  **210** 8  **211** $\frac{a}{2}(\sqrt{2} - 1)$  **212** $12 - 8\sqrt{2}$

**216** Determinar a área dos seguintes polígonos:

a) Triângulo isósceles com base de 12 m e perímetro 30 m

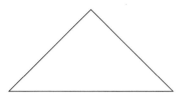

b) Trapézio isósceles com bases de 14 m e 8 m e perímetro 40 m.

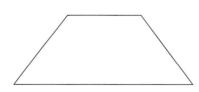

c) Triângulo isósceles com base de 6 m e perímetro de 18 m.

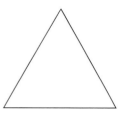

d) Triângulo isósceles com razão entre base e lado oblíquo às bases igual a 2 : 3 e altura relativa à base igual a $12\sqrt{2}$ m.

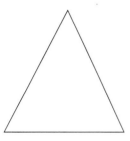

e) Triângulo isósceles com perímetro 32 m e a base excedendo o lado oblíquo em 4 m.

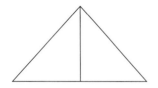

f) Losango com $12\sqrt{5}$ m de perímetro e uma diagonal o dobro da outra.

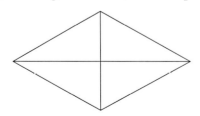

**217** Determinar a área dos seguintes polígonos:

a) Losango com $16\sqrt{5}$ m de perímetro e uma diagonal excedendo a outra em 8 m.

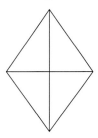

b) Triângulo com lados de 5 m, 9 m e $2\sqrt{13}$ m.

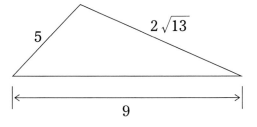

c) Trapézio com bases de 9 m e 30 m e outros lados com 10 m e 17 m.

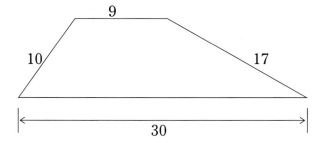

Resp: **213** a) 108 m² b) 168 m² c) 240 m² d) 104 m² e) 384 m² f) $14\sqrt{5}$ m² g) 84 m² h) $18\sqrt{3}$ m² i) $48\sqrt{5}$ m²
**214** a) $8\sqrt{21}$ m² b) 9 m² c) 12 m² **215** a) 120 m² b) 114 m² c) 180 m²

**218** Determinar a área do triângulo dados os lados, nos casos:

a) 12 m, 16 m e 20 m.

b) 4 m, 8 m e $4\sqrt{5}$ m.

c) $\sqrt{5}$ m, $\sqrt{13}$ m e 4 m

**219** Determinar a altura de um losango cujas diagonais medem 30 m e 40 m.

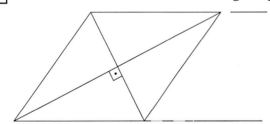

**220** Determinar a área do polígono, nos casos:

a) Triângulo com lados de 11 m, 13 m e 20 m.

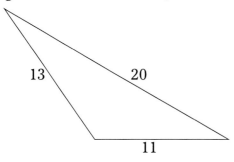

b) Trapézio com bases de 7 m e 12 m e outros lados com 10 m e $3\sqrt{5}$ m.

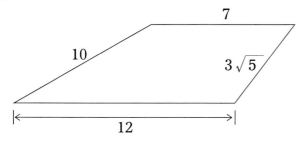

c) Trapézio com bases de 6 m e 14 m e diagonais de 12 m e 16 m.

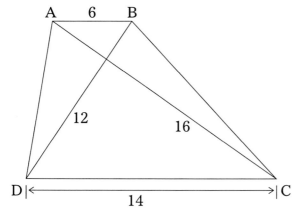

**Resp:** **216** a) $18\sqrt{5}$ m² b) $66\sqrt{2}$ m² c) $9\sqrt{3}$ m² d) $72\sqrt{2}$ m² e) 48 m² f) 36 m² **217** a) 64 m² b) 18 m² c) 156 m²

**221** Determinar a área de um trapézio com bases de 3 m e 9 m e diagonais com 6 m e $2\sqrt{21}$ m.

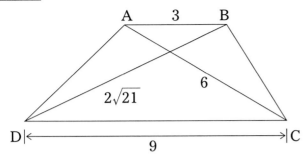

**222** Determinar a área do polígono, nos casos:

a)

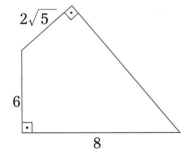

b) Pentágono

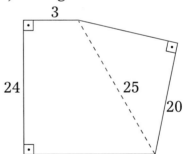

**223** Mostre que a altura h e a área **A** de um triângulo equilátero de lado **a** são dadas por $h = \dfrac{a\sqrt{3}}{2}$ e $A = \dfrac{a^2\sqrt{3}}{4}$.

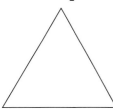

**224** Determinar a área dos seguintes triângulos equiláteros:

a)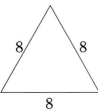

b)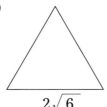

c)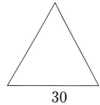

**225** Determinar a área dos seguintes hexágonos regulares:

a)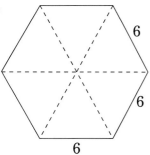

b)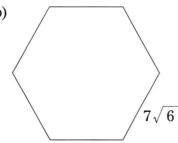

c)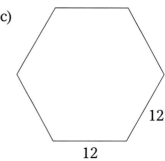

**226** Mostre que a área de um triângulo equilátero de altura **h** é $\dfrac{h^2\sqrt{3}}{3}$.

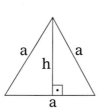

**227** Determinar a área dos seguintes triângulos equiláteros.

a)

b)

**Resp:** **218** a) 96 m² b) 16 m² c) 4 m² **219** 24 m **220** a) 66 m² b) 57 m² c) 96 m²

**228** Sem esboçar a figura, escrevendo primeiramente a fórmula, determinar a área do triângulo equilátero de lado **a** e altura **h**, nos casos:

a) $a = 4$

b) $a = 2\sqrt{5}$

c) $a = 6\sqrt{2}$

d) $a = 18$

e) $h = 3$

f) $h = 8\sqrt{3}$

g) $4\sqrt{6}$

h) $h = 12$

**229** Um hexágono regular é a união de 6 triângulos equiláteros. Portanto, a diagonal menor dele é igual a duas alturas de triângulos equiláteros. Observar a figura:

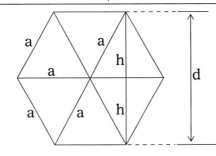

$$A = 6\left[\frac{a^2\sqrt{3}}{4}\right]$$

$$d = 2h = 2\left(\frac{a\sqrt{3}}{2}\right)$$

$$\boxed{d = a\sqrt{3}}$$

Sem esboçar figura, determinar a área do hexágono regular, nos casos:

a) O lado mede 8 m

b) O lado mede $2\sqrt{7}$ m

c) O lado mede $4\sqrt{2}$ m

d) A diagonal maior mede 20 m.

e) A diagonal menor mede $4\sqrt{3}$ m.

f) A diagonal menor mede 12 m.

**230** Observar os triângulos retângulos isósceles e os com ângulos agudos de 30° e 60°.

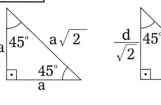 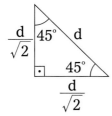 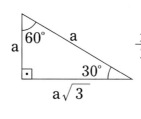 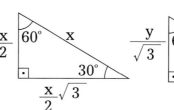 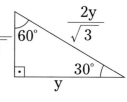

Determinar a área dos seguintes polígonos:

a)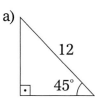

b)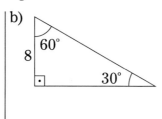

c)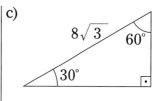

d) Triângulo ABC

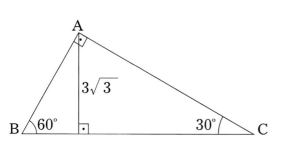

e) Triângulo ABC

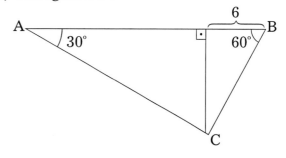

f) Trapézio

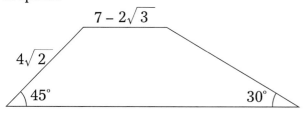

g) Trapézio

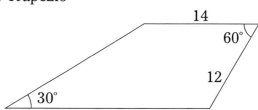

Resp: **221** $12\sqrt{5}$ m²    **222** a) 44 m²    b) 306 m²    **224** a) $16\sqrt{3}$ m²    b) $6\sqrt{3}$ m²    c) $225\sqrt{3}$ m²
   **225** a) $54\sqrt{3}$ m²    b) $441\sqrt{3}$ m²    c) $216\sqrt{3}$ m²    **227** a) $12\sqrt{3}$ m²    b) $27\sqrt{3}$ m²

**231** Determinar a área do polígono, nos casos:

a) Paralelogramo

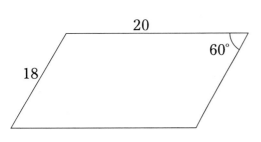

b) Losango

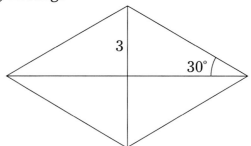

c)

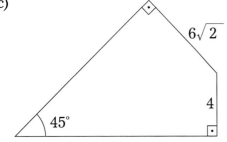

d)

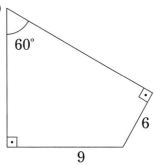

e)

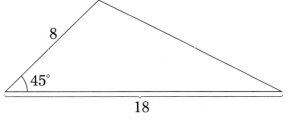

f)

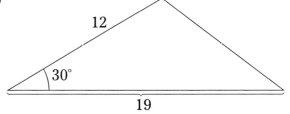

g)

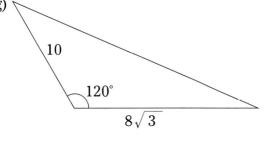

h)

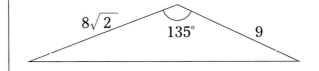

**232** Determinar a área dos seguintes triângulos:

a) [triângulo com ângulos de 15° e 15° e lado 12]

b) [triângulo com ângulos de 75° e 75° e lado 24]

**233** Determinar o comprimento da circunferência e a área do círculo, nos casos:

a) [círculo com distância 8 do centro à corda de comprimento 30]

b) [círculo com tangente externa: 12 secante e 8 externa]

c) [círculo tangente a reta vertical, com distância $2\sqrt{7}$ do centro e 2]

d) [círculo com 9 e corda de 27]

**Resp:** **228** a) $4\sqrt{3}$ m² b) $5\sqrt{3}$ m² c) $18\sqrt{3}$ m² d) $81\sqrt{3}$ m² e) $3\sqrt{3}$ m² f) $64\sqrt{3}$ m² g) $32\sqrt{3}$ m² h) $48\sqrt{3}$ m²

**229** a) $96\sqrt{3}$ m² b) $42\sqrt{3}$ m² c) $48\sqrt{3}$ m² d) $150\sqrt{3}$ m² e) $24\sqrt{3}$ m² f) $72\sqrt{3}$ m²

**230** a) 36 m² b) $32\sqrt{3}$ m² c) $24\sqrt{3}$ m² d) $18\sqrt{3}$ m² e) $72\sqrt{3}$ m² f) 36 m² g) $138\sqrt{3}$ m²

**234** Determinar a área do círculo nos casos:

a) Inscrito em um triângulo retângulo com catetos de 8 m e 15 m.

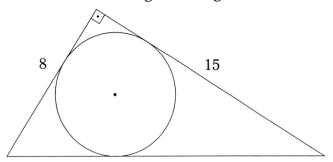

b) O triângulo inscrito é isósceles de base BC.

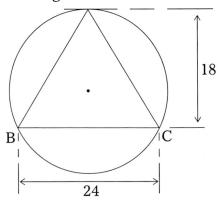

c) O triângulo inscrito é isósceles de base BC.

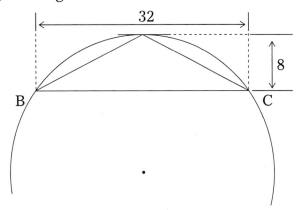

d) As cordas são parelelas e a distância entre elas é 27.

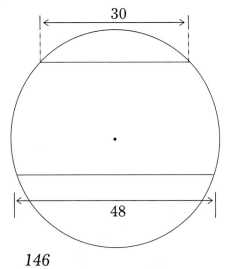

**235** Determinar a área do círculo menor, nos casos:

a)
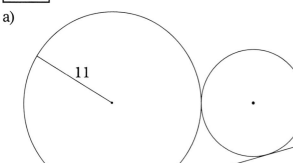

b) PT = 15 m

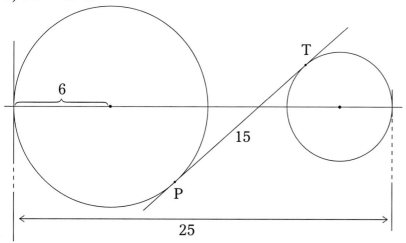

**236** Determinar a área do círculo, nos casos:

a) Inscrito em um triângulo isósceles com base de 12 m e perímetro 32 m.

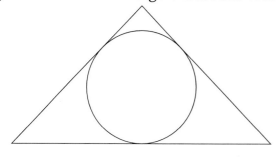

b) Circunscrito a um triângulo retângulo com catetos de 10 m e 24 m.

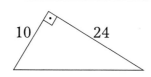

Resp: **231** a) $180\sqrt{3}$ m² b) $18\sqrt{3}$ m² c) 92 m² d) $55,5\sqrt{3}$ m² e) $36\sqrt{2}$ m² f) 57 m² g) 60 m² h) 36 m²
**232** a) 36 m² b) 144 m² **233** a) $289\pi$ m², $34\pi$ m b) $25\pi$ m², $10\pi$ m c) $64\pi$ m², $16\pi$ m d) $225\pi$ m², $30\pi$ m

**237** Em cada caso temos um trapézio circunscritível (há uma circunferência que tangencia todos os seus lados). Determinar a área do círculo inscrito neste trapézio.

a) Trapézio isósceles com bases de 18 m e 32 m.

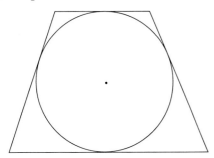

b) Trapézio retângulo com bases de 12 m e 24 m.

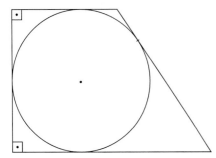

**238** Um trapézio circunscritível está inscrito em uma circunferência. Sendo 16 m e 64 m as suas bases, qual é a área do círculo circunscrito a ele?

**239** Resolver:

a) Se aumentarmos a diagonal de um quadrado em 6 m, a sua área aumenta 66 m². Quanto mede o lado desse quadrado?
b) Se aumentarmos a altura de um triângulo equilátero em 6 m, a sua área aumenta $68\sqrt{3}$ m². Quanto mede a sua altura?

**240** Resolver:

a) Determinar a área de um triângulo retângulo sabendo que dois lados medem 6 m e 8 m.
b) Determinar a área de um trapézio retângulo cujos lados medem 3 m, 5 m, 5 m e 9 m.
c) Determinar a área de um trapézio retângulo cujos lados medem 2 m, 4 m, 5 m e 5 m.
d) Um calculista mediu três lados (o lado perpendicular as bases não foi medido) de um trapézio retângulo e obteve as medidas 2 m, 5 m e 6 m. E em seguida calculou a área desse trapézio. Qual a área encontrada?

**241** Um hexágono convexo é equiângulo e os seus lados medem 4 m, 6 m e 8 m, sendo que lados opostos são congruentes. Determine a área desse hexágono.

**242** A base menor e o lado oblíquo às bases de um trapézio retângulo medem, respectivamente, 6 m e 5 m. Sendo de 24 m o seu perímetro, qual é sua área?

**243** Resolver:

a) A altura de um trapézio isósceles mede $3\sqrt{3}$ m, a base maior 14m e o perímento 34m. Determinar a área desse trapézio.
b) As bases de um trapézio medem 4 m e 25 m e os lados oblíquos medem 10 m e 17 m. Determinar a área desse trapézio.
c) De um losango sabemos que uma diagonal excede a outra em 4 m que por sua vez excede o lado em 2 m. Determinar a área desse losango.

**244** Resolver:

a) A diagonal de um trapézio isósceles é bissetriz do ângulo da base maior. Se a altura desse trapézio mede $3\sqrt{5}$ m e o perímetro 48 m, determinar a área desse trapézio.
b) Um lado de um quadrado é corda de uma circunferência e o lado oposto é tangente a ela. Determinar a área do quadrado sendo 10 m o raio do círculo.
c) A diagonal maior de um trapézio retângulo é bissetriz do ângulo agudo. Se a altura e a base maior medem 5 m e 25 m, determinat a área desse trapézio.

**245** Resolver:

a) A base de um triângulo isósceles execede a altura em 10 m. Se a área desse triângulo é 300 m², quando mede a altura não relativa à base desse triângulo.
b) Um diagonal de um losango mede 40 m e sua altura 24 m. Determinar a área desse losango.
c) As medianas relativas aos catetos de um triângulo retângulo medem $2\sqrt{73}$ m e $4\sqrt{13}$ m. Determinar a área desse triângulo.

**246** Resolver:

a) Determinar a menor altura e a área de um triângulo de lados 5 m, $3\sqrt{5}$ m e 10 m.
b) Considere um triângulo retângulo e a circunferência inscrita nele. Se o ponto de contacto entre a hipotenusa e a circunferência determina na hipotenusa segmentos de 4 m e 6 m, determinar a área do triângulo.

Resp: **234** a) $9\pi$ m²  b) $169\pi$ m²  c) $400\pi$ m²  d) $625\pi$ m²  **235** a) $16\pi$ m²  b) $4\pi$ m²  **236** a) $9\pi$ m²  b) $169\pi$ m²  **237** a) $144\pi$ m²  b) $64\pi$ m²  **238** a) $1025\pi$ m²  **239** a) $4\sqrt{2}$ m²  b) 14 m  **240** a) 24 m² ou $6\sqrt{7}$ m²  b) 21 m²  c) 14 m²  d) 12 m² ou $\frac{11\sqrt{3}}{2}$ m² ou $\frac{21\sqrt{3}}{2}$ m²  **241** $52\sqrt{3}$ m²  **242** 24 m² ou 30 m²  **243** a) $33\sqrt{3}$ m²  b) 116 m²  c) 96 m²  **244** a) $45\sqrt{5}$ m²  b) 256 m²  c) 95 m²  **245** a) 24 m  b) 600 m²  c) 96 m²  **246** a) 3 m, 15 m²  b) 24 m²

# V RELAÇÕES MÉTRICAS

## A – Relações métricas no triângulo retângulo

Sendo **b** e **c** os catetos, **a** a hipotenusa, **h** a altura relativa à hipotenusa e **m** e **n** as projeções ortogonais dos catetos sobre a hipotenusa de um triângulo retângulo, então são válidas as seguintes relações.

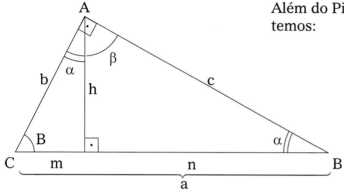

Além do Pitágoras: $a^2 = b^2 + c^2$, $b^2 = h^2 + m^2$, $c^2 = h^2 + n^2$, temos:

$$h^2 = mn, \quad ah = bc$$
$$b^2 = am, \quad c^2 = an$$

$\boxed{h^2 = mn}$ "A altura relativa à hipotenusa é igual à média geométrica (ou média proporcional) entre as medidas das projeções ortogonais dos catetos sobre a hipotenusa".

$\boxed{b^2 = am}$ e $\boxed{c^2 = an}$ "Cada cateto é a média geométrica (ou média proporcional) entre a medida da hipotenusa e a medida da projeção ortogonal dele sobre ela".

**Demonstração:**

Observe que de fato são válidas as igualdades das medidas dos ângulos indicadas na figura. Então pelo caso AA de semelhança, os três triângulos são semelhantes entre si.

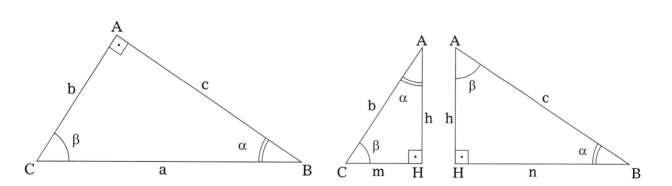

$\triangle AHC \sim \triangle BHA \Rightarrow \dfrac{h}{n} = \dfrac{m}{h} = \dfrac{b}{c} \Rightarrow \boxed{h^2 = mn}$

$\triangle AHC \sim \triangle BAC \Rightarrow \dfrac{b}{a} = \dfrac{h}{c} = \dfrac{m}{b} \Rightarrow \boxed{ah = bc}$ e $\boxed{b^2 = am}$

$\triangle AHB \sim \triangle CAB \Rightarrow \dfrac{c}{a} = \dfrac{n}{c} = \dfrac{h}{b} \Rightarrow \boxed{c^2 = an}$

**Exemplo**: Determinar as incógnitas nos casos:

a)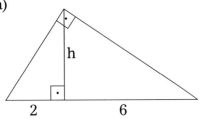

$h^2 = 2 \cdot 6 \Rightarrow h^2 = 12 \Rightarrow$

$\boxed{h = 2\sqrt{3}}$

b)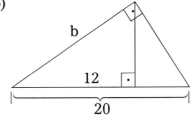

$b^2 = 20 \cdot 12 \Rightarrow$

$b^2 = 4 \cdot 5 \cdot 4 \cdot 3 \Rightarrow \boxed{b = 4\sqrt{15}}$

c)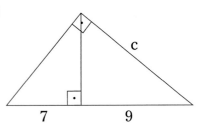

$c^2 = 9(9+7) \Rightarrow$

$c^2 = 9 \cdot 16 \Rightarrow \boxed{c = 12}$

d)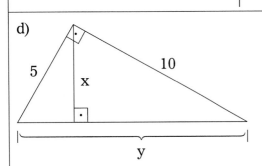

1) $y^2 = 5^2 + 10^2 \Rightarrow y^2 = 25 + 100 \Rightarrow$

$y^2 = 125 = 25 \cdot 5 \Rightarrow \boxed{y = 5\sqrt{5}}$

2) $y \cdot x = 5 \cdot 10 \Rightarrow 5\sqrt{5} \cdot x = 5 \cdot 10$

$\Rightarrow x = \dfrac{10}{\sqrt{5}} \Rightarrow x = \dfrac{10 \cdot \sqrt{5}}{\sqrt{5} \cdot \sqrt{5}} \Rightarrow$

$\Rightarrow x = \dfrac{10\sqrt{5}}{5} \Rightarrow \boxed{x = 2\sqrt{5}}$

e)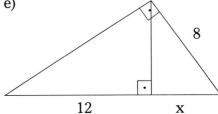

$8^2 = x(x+12) \Rightarrow$

$64 = x^2 + 12x \Rightarrow$

$x^2 + 12x - 64 = 0 \Rightarrow$

$(x+16)(x-4) = 0 \Rightarrow$

$\boxed{x = 4}$

**247** Completar, sem ser com Pitágoras, de modo que as igualdades fiquem verdadeiras, nos casos:

a)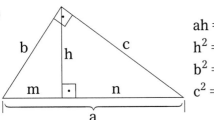

ah =
$h^2 =$
$b^2 =$
$c^2 =$

b)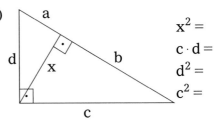

$x^2 =$
$c \cdot d =$
$d^2 =$
$c^2 =$

**248** Determinar o valor de x, nos casos:

a)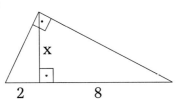

b)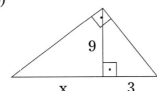

c)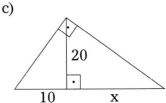

**249** Determinar a incógnita, nos casos:

a) 
Triângulo retângulo com altura $h$ relativa à hipotenusa; projeções $9$ e hipotenusa $21$.

b) 
Triângulo retângulo com altura $h$; projeções $4\sqrt{2}$ e hipotenusa $12\sqrt{2}$.

c) 
Triângulo retângulo; cateto $x$, hipotenusa $12$, altura $6\sqrt{2}$.

d) 
Triângulo retângulo; altura $6$, projeção $4$, hipotenusa $x$.

e) 
Triângulo retângulo; cateto $x$, hipotenusa $18$, altura $4\sqrt{5}$.

f) 
Triângulo retângulo; hipotenusa $16$, cateto $x$, altura $4\sqrt{3}$.

**250** Determinar o valor de x, nos casos:

a) 
Cateto $x$, projeção $4$, hipotenusa $25$.

b) 
Cateto $x$ (hipotenusa do sub-triângulo), projeção $9$, hipotenusa $16$.

c) 
Cateto $x$, projeções $4$ e $12$.

d) 
Hipotenusa $12$, projeção $9$, cateto $x$.

e) 
Cateto $x$, projeção $36$, altura relativa $11$.

f) 
Cateto menor $2$, cateto $x$, hipotenusa $16$.

**251** Determinar x, nos casos:

a)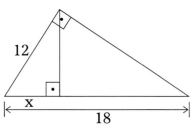
b)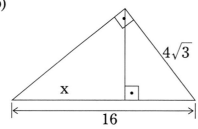
c)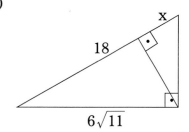

d)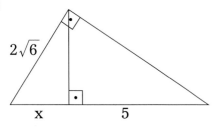
e)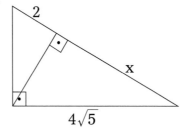
f)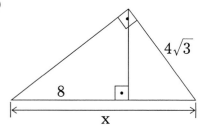

**252** Determinar a altura relativa à hipotenusa do triângulo retângulo, nos casos:

a)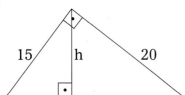
b)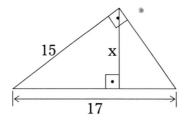
c)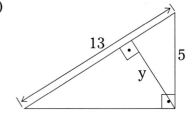

**253** Determinar a incógnita, nos casos:

a) 
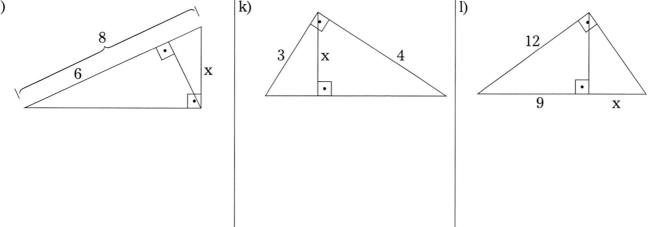

Resp: **247** a) ah = bc, h² = mn, b² = am, c² = an  b) x² = ab, cd = (a + b)x, d² = (a + b)a, c² = (a +b)b  **248** a) 4  b) 27  c) 40  **249** a) 6√3  b) 8  c) 6  d) 13  e) 10 ou 8  f) 4 ou 12  **250** a) 10  b) 12  c) 8  d) 6  e) 30  f) 6

**254** Determinar a incógnita, nos casos:

a)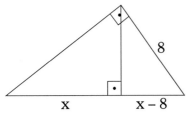

b)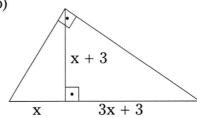

c)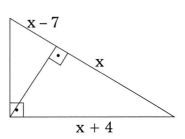

**255** Determinar as incógnitas, nos casos:

a)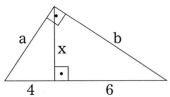

b)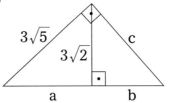

c)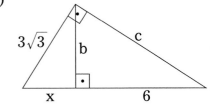

d)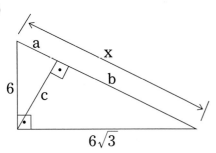

**256** Determinar as incógnitas, nos casos:

a)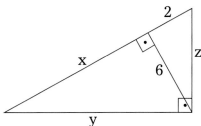

b)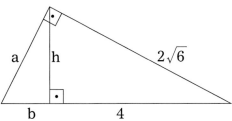

**257** Em cada caso temos uma circunferência de diâmetro AB. Determinar x.

a)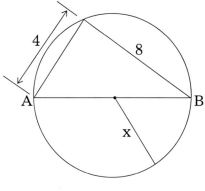

b)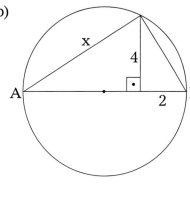

c)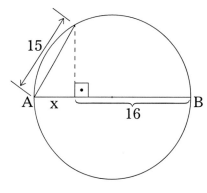

**258** Determinar a hipotenusa de um triângulo retângulo cuja soma dos catetos é 35 m e a menor altura é 12 m.

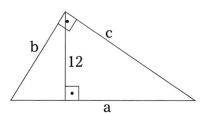

**Resp:** **251** a) 8  b) 13  c) 4  d) 3  e) 8  f) 12   **252** a) 12  b) $\frac{120}{7}$  c) $\frac{60}{13}$   **253** a) 6  b) 10  c) 5  d) $2\sqrt{5}$  e) 30  f) $8\sqrt{2}$  g) 9  h) $\frac{1}{3}$  i) $\frac{1}{9}$  j) 4  k) 2,4  l) 7

# B – Relações métricas no círculo

| I) cordas | II) secantes | III) tangente e secante |
|---|---|---|
| 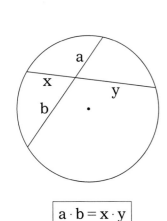 | 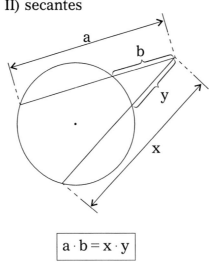 | 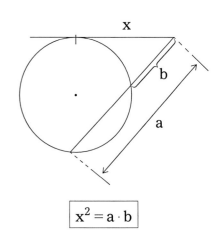 |
| $a \cdot b = x \cdot y$ | $a \cdot b = x \cdot y$ | $x^2 = a \cdot b$ |

## B1 – Cordas concorrentes em um ponto interno P

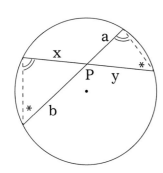

Pela igualdade das medidas dos ângulos indicados na figura, obtemos que os triângulos são semelhantes (AA).

Então:

$$\frac{x}{a} = \frac{b}{y} \Rightarrow \boxed{xy = ab}$$

Obs: O produto ab (ou xy) é chamado **potência do ponto P** em relação a esta circunferência.

## B2 – Segmentos secantes com extremidades em um ponto externo P

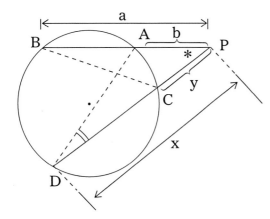

Pela igualdade das medidas dos ângulos indicados na figura, obtemos que os triângulos PAD e PCB são semelhantes (AA).

Então:

$$\frac{a}{x} = \frac{y}{b} \Rightarrow \boxed{xy = ab}$$

Obs: O produto ab (ou xy) é chamado **potência do ponto P** em relação a esta circunferência.

## B3 – Um segmento tangente e outro secante com extremidades em um ponto externo P

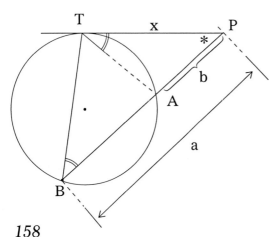

Pela igualdade das medidas dos ângulos indicados na figura, obtemos que os triângulos PTA e PBT são semelhantes (AA).

Então: $\quad \dfrac{x}{a} = \dfrac{b}{x} \Rightarrow \boxed{x^2 = ab}$

Obs: O produto ab (ou $x^2$) é chamado **potência do ponto P** em relação a esta circunferência.

**Exemplo 1**: Determinar a potência do ponto P em relação à circunferência **f** dada nos casos:

a)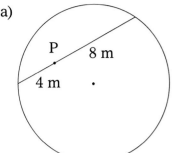

Pot (P) = 4 m · 8 m = 32 m²

b)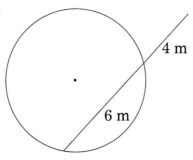

Pot (P) = 4 (4 + 6) ⇒
Pot (P) = 40 m²

c)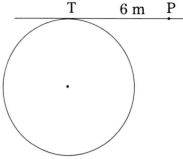

Pot (P) = (6m)² = 36 m²

**Exemplo 2**: Determine o valor de x nos casos:

a)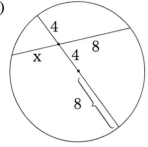

x · 8 = ( 8 + 4 ) 4 ⇒
8x = 48 ⇒ $\boxed{x = 6}$

b)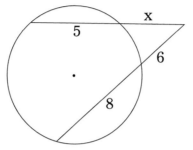

x (x + 5) = 6 · (6 + 8)
x² + 5x − 84 = 0
(x + 12) (x − 7) = 0
$\boxed{x = 7}$

c)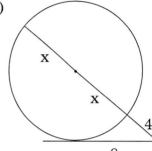

8² = 4 (4 + 2x) ⇒
64 = 16 + 8x ⇒
8² = 2 + x ⇒ $\boxed{x = 6}$

**259** Complete de modo que a sentença obtida seja verdadeira, nos casos:

a) 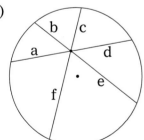   ad =

b) 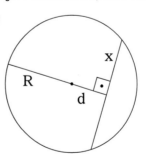   x² =

c)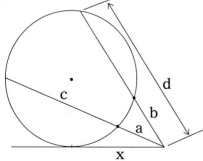

x² =
x² =
bd =

d) 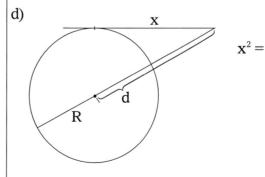   x² =

**Resp:** **254** a) 12   b) 3   c) 16   **255** a) x = 2√6, a = 2√10, b = 2√15   b) a = 3√3, b = 2√3, c = √30   c) x = 3, b = 3√2, c = 3√6
d) x = 12, a = 3, b = 9, c = 3√3   **256** a) x = 18, y = 6√10, z = 2√10   b) a = 2√3, b = 2, h = 2√2   **257** a) 2√5   b) 4√5   c) 9   **258** 25

**260** Determinar o valor de x, nos casos:

a) 

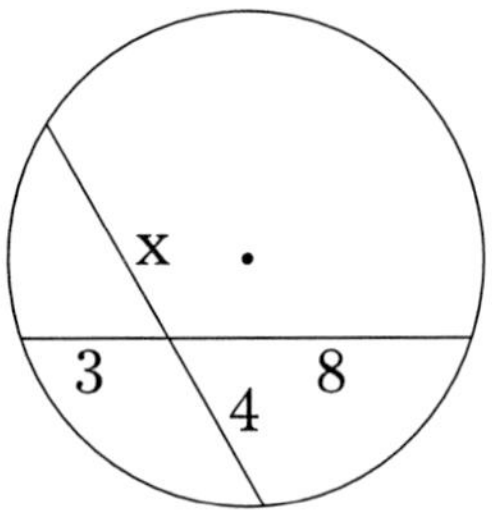

b) 

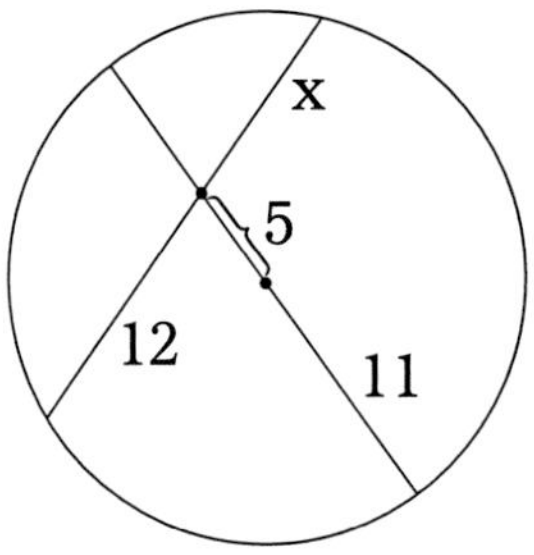

c) 

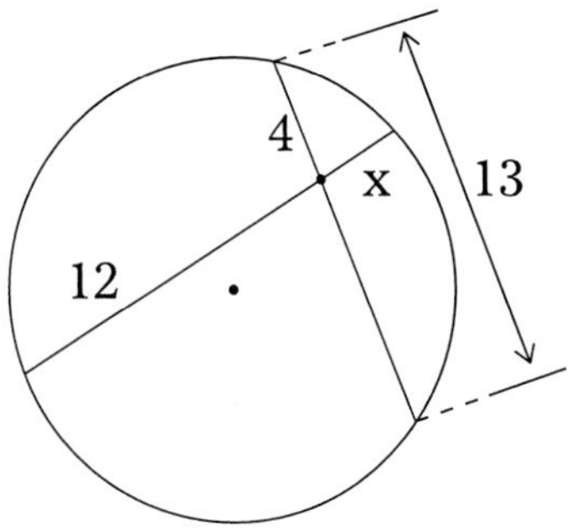

d) 

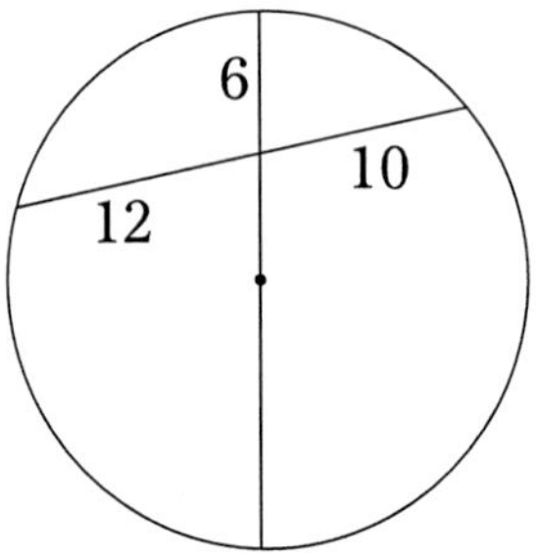

e) 

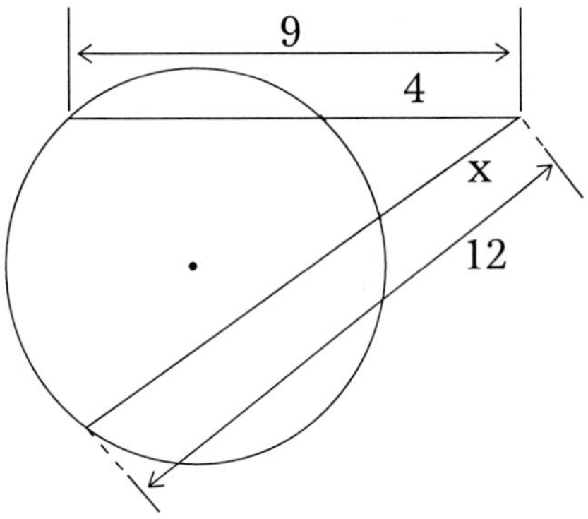

f) 

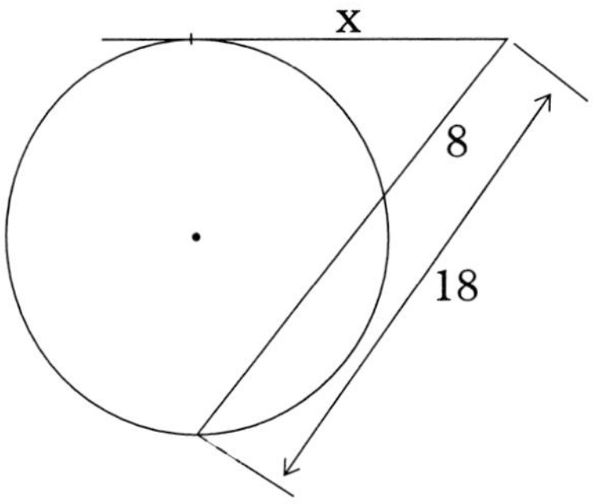

g) 

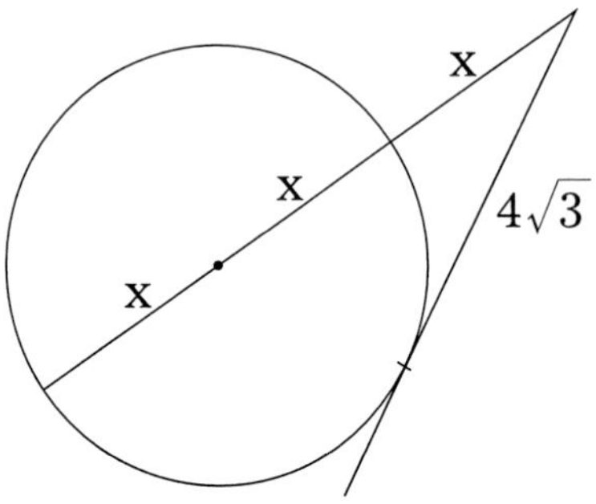

h) 

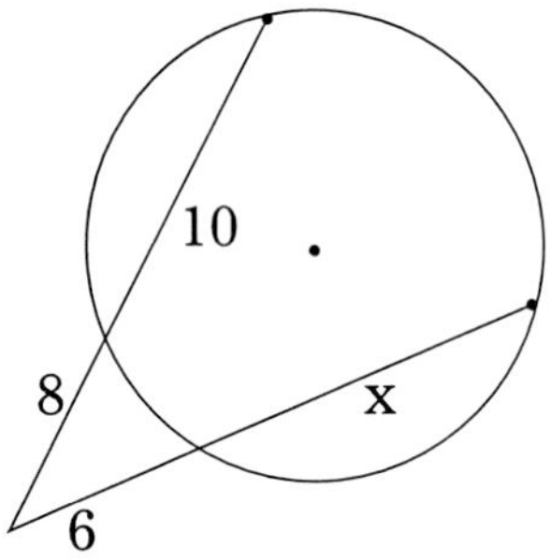

i)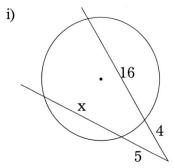

j)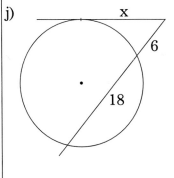

**261** Determinar as incógnitas, nos casos:

a)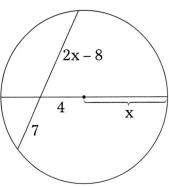

b)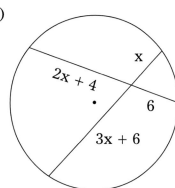

c)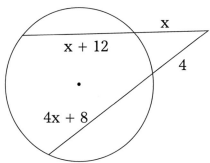

d)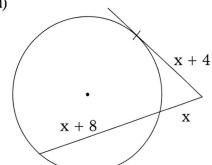

e)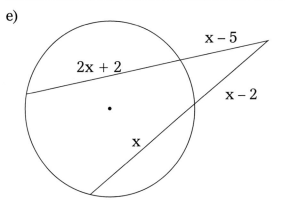

**Resp:** **259** a) $ad = be = cf$  b) $x^2 = R^2 - d^2$  c) $x^2 = bd$, $x^2 = a(a+c)$, $bd = a(a+c)$  d) $x^2 = d^2 - R^2$

**262** Determinar o raio da circunferência, nos casos:

a)
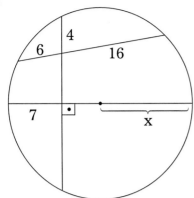

b)
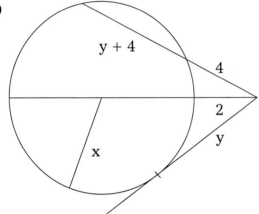

c)
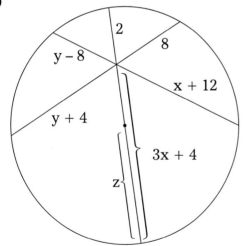

**263** Determinar o comprimento da circunferência e a área do círculo, nos casos:

a)
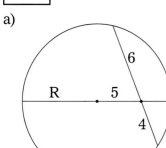

b)
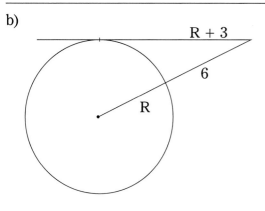

c)
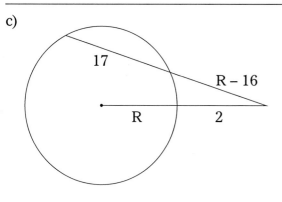

d)
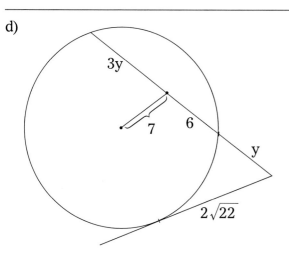

**264** Determinar o valor de x, nos casos:

a)
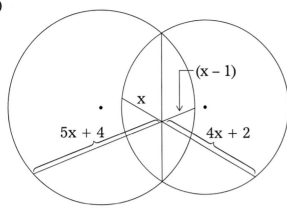

b)
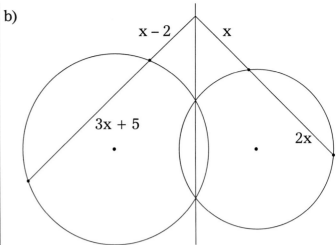

c)
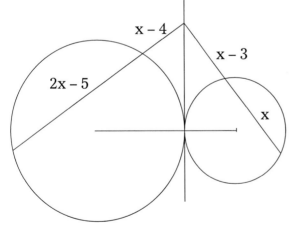

d)
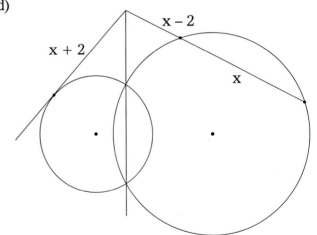

**265** Sendo **h** a altura relativa à hipotenusa de um triângulo retângulo de catetos **b** e **c**, mostre que
$$\frac{1}{h^2} = \frac{1}{b^2} + \frac{1}{c^2}.$$

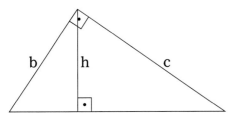

**266** Dados os catetos, determinar a altura relativa à hipotenusa, nos casos:

a)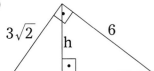

b)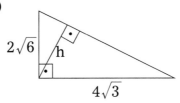

**267** Em cada caso temos um trapézio, determinar a sua área.

a) Trapézio retângulo e a diagonal menor determina com o lado oblíquo às bases um triângulo retângulo.

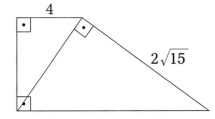

b) Trapézio isósceles e a diagonal determina com o lado oblíquo às bases, um triângulo retângulo.

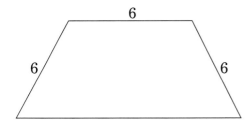

Resp: **262** a) 17,5  b) 15  c) 33   **263** a) $14\pi$ m, $49\pi$ m²   b) $18\pi$ m, $81\pi$ m²   c) $40\pi$ m, $400\pi$ m²   d) $22\pi$ m, $121\pi$ m²

**268** Utilizando as relações $b^2 = am$ e $c^2 = an$, que são obtidas por semelhança de triângulos na figura dada, demonstrar o teorema de Pitágoras.

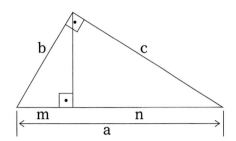

**269** Dado um triângulo retângulo de hipótenusa **a** e catetos **b** e **c**, considere uma circunferência de raio **a** com centro em uma das extremidades da hipotenusa. Escrevendo a potência do vértice do ângulo reto em relação a essa circunferência, mostre o teorema de Pitágoras.

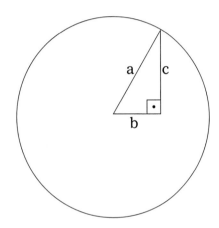

**270** Dados dois segmentos **a** e **b**, com **a** maior que **b**, mostre que se a hipotenusa de um triângulo retângulo é igual a $\left(\dfrac{a+b}{2}\right)$ e um cateto é igual a $\left(\dfrac{a-b}{2}\right)$, então o outro cateto é igual a média geométrica entre **a** e **b**.

**271** Se as alturas de um triângulo retângulo medem $2\sqrt{5}$ m, 4 m e $4\sqrt{5}$ m determinar a sua hipotenusa.

**272** Mostre que o segmento de tangente comum a duas circunferências tangentes externamente é a media geométrica entre os diâmetros, delas.

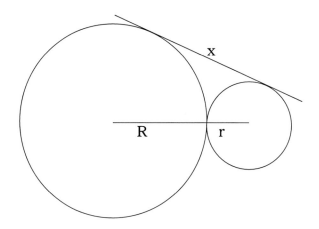

**273** Os catetos de um triângulo retângulo medem **b** e **c**, a hipotenusa **a** e a altura relativa à ela **h**. Mostre que um triângulo cujos lado medem (b + c), h e (a + h) é também um triângulo retângulo.

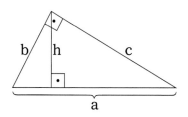

**274** De um triângulo ABC sabemos que $\hat{B}=2\hat{C}$ e que A′ sendo a projeção ortogonal de A sobre BC, BA′ = 5 m e CA′ = 20 m. Determine a área do triângulo ABC.

**275** Determine a área do triângulo retângulo nos casos:

a) A hipotenusa e a projeção de um cateto sobre ela medem 20 m e 16 m.

b) As projeções dos catetos sobre a hipotenusa medem 12 m e 75 m.

c) As duas menores alturas dele medem $5\sqrt{5}$ m e 10 m.

d) Duas de suas alturas medem 6 m e 12 m.

e) As projeções da menor altura sobre as outras duas medem 8 m e 8 m.

f) As projeções da altura relativa à hipotenusa sobre os catetos medem 6 m e 8 m.

**276** Uma diagonal de um trapézio isósceles determina, com a base maior e um lado, um triângulo retângulo. Determine a área desse trapézio nos casos:

a) O lado oblíquo às bases e a altura do trapézio mede, $2\sqrt{13}$ m e 6 m.

b) As bases do trapézio medem 30 m e 34 m.

c) A base menor mede 32 m e o lado oblíquo $4\sqrt{10}$ m.

d) A diagonal e a base maior medem, respectivamente, 20 m e 25 m.

---

**Resp:** **264** a) 4  b) 6  c) 9  d) 10    **266** a) $2\sqrt{3}$  b) 4    **267** a) $14\sqrt{6}$ m²  b) $27\sqrt{3}$ m²    **271** 10

**274** $125\sqrt{2}$ m²    **275** a) 80 m²  b) 1305 m²  c) 125 m²  d) 36 m² ou $24\sqrt{3}$ m²  e) 128 m²  f) $\frac{625}{6}$ m²

**276** a) 54 m²  b) 256 m²  c) 432 m²  d) 204 m²

# VI RAZÕES TRIGONOMÉTRICAS

## A – Seno, cosseno e tangente

Dado um triângulo retângulo ABC com $\hat{A} = 90°$, $\hat{B} = \beta$ e $\hat{C} = \gamma$, definimos:

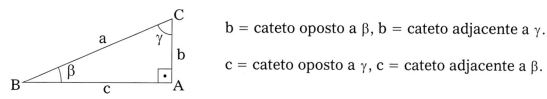

b = cateto oposto a $\beta$, b = cateto adjacente a $\gamma$.

c = cateto oposto a $\gamma$, c = cateto adjacente a $\beta$.

Destaquemos as razões $\dfrac{b}{a}$, $\dfrac{c}{a}$, $\dfrac{b}{c}$ e $\dfrac{c}{b}$.

Considere um triângulo A'B'C', semelhante ao triângulo ABC.

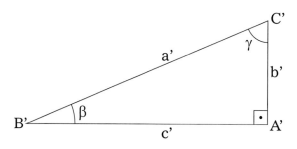

De $\dfrac{a}{a'} = \dfrac{b}{b'} = \dfrac{c}{c'}$, obtemos

I) $\dfrac{a}{a'} = \dfrac{b}{b'} \Rightarrow \boxed{\dfrac{b'}{a'} = \dfrac{b}{a}}$

II) $\dfrac{a}{a'} = \dfrac{c}{c'} \Rightarrow \boxed{\dfrac{c'}{a'} = \dfrac{c}{a}}$

III) $\dfrac{b}{b'} = \dfrac{c}{c'} \Rightarrow \boxed{\dfrac{b'}{c'} = \dfrac{b}{c}}$ ou $\boxed{\dfrac{c'}{b'} = \dfrac{c}{b}}$

"Entre triângulos semelhantes, a razão entre dois lados quaisquer de um é igual à razão entre os lados homólogos a eles do outro".

Quando os triângulos semelhantes são triângulos retângulos, essas razões recebem nomes especiais:

$\dfrac{b}{a}$ = seno de $\beta$ = cosseno de $\gamma$ $\Rightarrow$ sen $\beta$ = cos $\gamma = \dfrac{b}{a}$

$\dfrac{c}{a}$ = seno de $\gamma$ = cosseno de $\beta$ $\Rightarrow$ sen $\gamma$ = cos $\beta = \dfrac{c}{a}$

$\dfrac{b}{c}$ = tangente de $\beta$, $\dfrac{c}{b}$ = tangente de $\gamma$ $\Rightarrow$ tg $\beta = \dfrac{b}{c}$ e tg $\gamma = \dfrac{c}{b}$

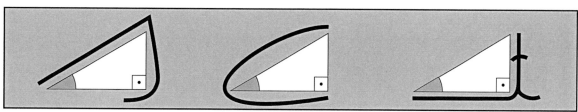

**Seno** de um ângulo agudo de um triângulo retângulo é a razão **cateto oposto sobre a hipotenusa**.

**Cosseno** de um ângulo agudo de um triângulo retângulo é a razão **cateto adjacente sobre a hipotenusa**.

**Tangente** de um ângulo agudo de um triângulo retângulo é a razão **cateto oposto sobre cateto adjacente**.

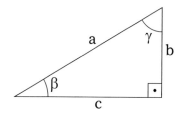

sen $\beta = \dfrac{\text{cat. oposto}}{\text{hipotenusa}}$ $\Rightarrow$ sen $\beta = \dfrac{b}{a}$ $\left(\text{sen } \gamma = \dfrac{c}{a}\right)$

cos $\beta = \dfrac{\text{cat. adjacente}}{\text{hipotenusa}}$ $\Rightarrow$ cos $\beta = \dfrac{c}{a}$ $\left(\cos \gamma = \dfrac{b}{a}\right)$

tg $\beta = \dfrac{\text{cat. oposto}}{\text{cat. adjacente}}$ $\Rightarrow$ tg $\beta = \dfrac{b}{c}$ $\left(\text{tg } \gamma = \dfrac{c}{b}\right)$

Note que o seno e cosseno de um ângulo agudo é sempre menor que 1.

Obs:

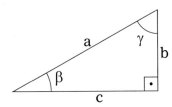

1) $\operatorname{sen} \beta = \dfrac{b}{a}$, $\cos \gamma = \dfrac{b}{a}$ e $\cos \beta = \dfrac{c}{a}$, $\operatorname{sen} \gamma = \dfrac{c}{a}$ ⇒

$$\boxed{\beta + \gamma = 90° \Rightarrow \operatorname{sen} \beta = \cos \gamma \text{ e } \operatorname{sen} \gamma = \cos \beta}$$

2) $\operatorname{tg} \beta = \dfrac{b}{c}$, $\operatorname{tg} \gamma = \dfrac{c}{b}$ ⇒ $\boxed{\beta + \gamma = 90° \Rightarrow \operatorname{tg} \beta = \dfrac{1}{\operatorname{tg} \gamma}}$

3) $\operatorname{tg} \beta = \dfrac{b}{c}$, $\operatorname{tg} \beta = \dfrac{\frac{b}{a}}{\frac{c}{a}}$ ⇒ $\boxed{\operatorname{tg} \beta = \dfrac{\operatorname{sen} \beta}{\cos \beta}}$. Do mesmo modo, obtemos: $\boxed{\operatorname{tg} \gamma = \dfrac{\operatorname{sen} \gamma}{\cos \gamma}}$

4) $\operatorname{sen} \beta = \dfrac{b}{a}$ ⇒ $\boxed{b = a \operatorname{sen} \beta}$ (Um cateto é igual ao produto da hipotenusa pelo seno do ângulo oposto).

$\cos \beta = \dfrac{c}{a}$ ⇒ $\boxed{b = a \cos \beta}$ (Um cateto é igual ao produto da hipotenusa pelo cosseno do ângulo adjacente).

$\operatorname{tg} \beta = \dfrac{b}{c}$ ⇒ $\boxed{b = c \operatorname{tg} \beta}$ (Um cateto é igual ao produto do outro pela tangente do ângulo oposto).

## B – Relação pitagórica

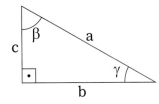

1) $\operatorname{sen} \beta = \dfrac{b}{a}$, $\cos \beta = \dfrac{c}{a}$ ⇒ $b = a \operatorname{sen} \beta$ e $c = a \cos \beta$

2) $b^2 + c^2 = a^2$ ⇒ $a^2 \operatorname{sen}^2 \beta + a^2 \cos^2 \beta = a^2$ ⇒ $\boxed{\operatorname{sen}^2 \beta + \cos^2 \beta = 1}$

Da mesma forma, obtemos: $\boxed{\operatorname{sen}^2 \gamma + \cos^2 \gamma = 1}$

## C – Alguns valores

### C1 – sen 45°, cos 45°, tg 45°

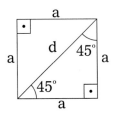 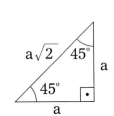

$\operatorname{sen} 45° = \cos 45° = \dfrac{a}{a\sqrt{2}}$ ⇒ $\boxed{\operatorname{sen} 45° = \cos 45° = \dfrac{\sqrt{2}}{2}}$

$\operatorname{tg} 45° = \dfrac{a}{a}$ ⇒ $\boxed{\operatorname{tg} 45° = 1}$

### C2 – sen 30°, cos 60°, sen 60°, cos 30°, tg 30°, tg 60°

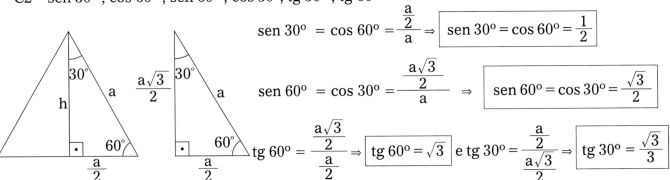

Então:

$$\text{sen } 30° = \cos 60° = \frac{1}{2} \qquad \text{tg } 30° = \frac{\sqrt{3}}{3}$$

$$\text{sen } 45° = \cos 45° = \frac{\sqrt{2}}{2} \qquad \text{tg } 45° = 1$$

$$\text{sen } 60° = \cos 30° = \frac{\sqrt{3}}{2} \qquad \text{tg } 60° = \sqrt{3}$$

## D – Áreas

**D1** – Triângulo (dados dois lados e o ângulo formado por eles).

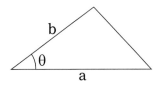 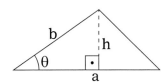

1) $\text{sen } \theta = \frac{h}{b} \Rightarrow h = b \text{ sen } \theta$

2) $S = \frac{ah}{2} \Rightarrow \boxed{S = \frac{1}{2} ab \text{ sen } \theta}$

**D2** – Paralelogramo (dados os lados e um ângulo).

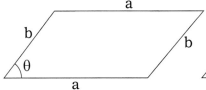 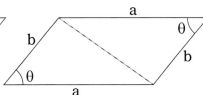

$S = 2\left(\frac{1}{2} ab \text{ sen } \theta\right)$

$\boxed{S = ab \text{ sen } \theta}$

**D3** – Quadrilátero (dadas as diagonais e dado o ângulo formado por elas).

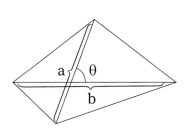 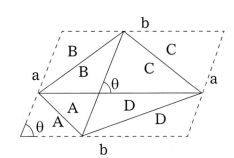

$2S = 2A + 2B + 2C + 2D$

$2S = ab \text{ sen } \theta$

$\boxed{S = \frac{1}{2} ab \text{ sen } \theta}$

## E – Lei dos cossenos

"O quadrado de um lado de um triângulo é igual à soma dos quadrados dos outros dois menos duas vezes o produto desses dois lados pelo cosseno do ângulo formado por eles"

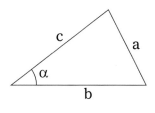 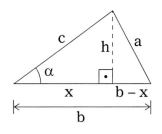

1) $\cos \alpha = \frac{x}{c} \Rightarrow \boxed{x = c \cdot \cos \alpha}$

$\begin{cases} h^2 + x^2 = c^2 \\ h^2 + (b-x)^2 = a^2 \end{cases}$

2) $\begin{cases} -h^2 - x^2 = -c^2 \\ h^2 + b^2 - 2bx + x^2 = a^2 \end{cases}$

$b^2 - 2bx = -c^2 + a^2 \Rightarrow$

$\Rightarrow a^2 = b^2 + c^2 - 2bx$ e $x = c \cos \alpha \Rightarrow \boxed{a^2 = b^2 + c^2 - 2bc \cos \alpha}$

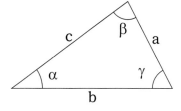

Então: $\boxed{\begin{array}{l} a^2 = b^2 + c^2 - 2bc \cos \alpha \\ b^2 = a^2 + c^2 - 2ac \cos \beta \\ c^2 = a^2 + b^2 - 2ab \cos \gamma \end{array}}$

## F – Lei dos senos

"Os lados de um triângulo são proporcionais aos senos dos ângulos opostos e esta razão lado sobre seno do ângulo oposto é igual ao diâmetro da circunferência circunscrita ao triângulo."

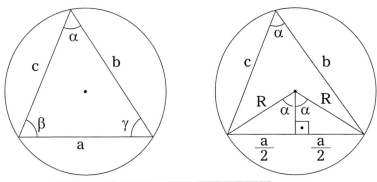

$$\operatorname{sen} \alpha = \frac{\frac{a}{2}}{R} \Rightarrow \operatorname{sen} \alpha = \frac{a}{2R}$$

$$\Rightarrow \boxed{\frac{a}{\operatorname{sen} \alpha} = 2R}$$

De modo análogo obtemos:

$$\frac{b}{\operatorname{sen} \beta} = 2R \quad \text{e} \quad \frac{c}{\operatorname{sen} \gamma} = 2R$$

Então: $\boxed{\dfrac{a}{\operatorname{sen} \alpha} = \dfrac{b}{\operatorname{sen} \beta} = \dfrac{c}{\operatorname{sen} \gamma} = 2R}$

Obs: A lei dos cossenos e a lei dos senos são válidas também para triângulos retângulos e triângulos obtusângulos.

---

**Exemplo 1**: Determinar os senos, os cossenos e as tangentes dos ângulos agudos da figura dada.

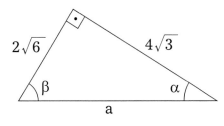

1) $a^2 = (2\sqrt{6})^2 + (4\sqrt{3})^2 \Rightarrow a^2 = 24 + 48 \Rightarrow a^2 = 72 \Rightarrow \boxed{a = 6\sqrt{2}}$

2) $\operatorname{sen} \beta = \cos \alpha = \dfrac{4\sqrt{3}}{a} = \dfrac{4\sqrt{3}}{6\sqrt{2}} = \dfrac{2\sqrt{3}}{3\sqrt{2}} \cdot \dfrac{\sqrt{2}}{\sqrt{2}} = \dfrac{\sqrt{6}}{3}$

$$\boxed{\operatorname{sen} \beta = \cos \alpha = \frac{\sqrt{6}}{3}}$$

3) $\operatorname{sen} \alpha = \cos \beta = \dfrac{2\sqrt{6}}{a} = \dfrac{2\sqrt{6}}{6\sqrt{2}} = \dfrac{\sqrt{3}}{3} \Rightarrow \boxed{\operatorname{sen} \alpha = \cos \beta = \dfrac{\sqrt{3}}{3}}$

4) $\operatorname{tg} \alpha = \dfrac{2\sqrt{6}}{4\sqrt{3}} \Rightarrow \boxed{\operatorname{tg} \alpha = \dfrac{\sqrt{2}}{2}}$

5) $\operatorname{tg} \beta = \dfrac{4\sqrt{3}}{2\sqrt{6}} \Rightarrow \operatorname{tg} \beta = \dfrac{2}{\sqrt{2}} = \dfrac{2}{\sqrt{2}} \cdot \dfrac{\sqrt{2}}{\sqrt{2}} \Rightarrow \boxed{\operatorname{tg} \beta = \sqrt{2}}$

Note que tg α é o inverso da tg β.

---

**Exemplo 2**: Da figura dada sabemos que $\operatorname{tg} \beta = \dfrac{3}{4}$. Determinar tg α.

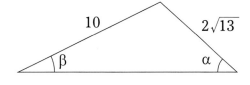 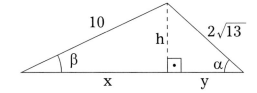

1) $\operatorname{tg} \beta = \dfrac{h}{x} \Rightarrow \dfrac{3}{4} = \dfrac{h}{x} \Rightarrow x = \dfrac{4}{3} h$

2) $x^2 + h^2 = 10^2 \Rightarrow \dfrac{16}{9} h^2 + h^2 = 100 \Rightarrow 16h^2 + 9h^2 = 100 \cdot 9 \Rightarrow 25h^2 = 100 \cdot 9 \Rightarrow \boxed{h = 6}$

3) $y^2 + h^2 = (2\sqrt{13})^2 \Rightarrow y^2 + 36 = 52 \Rightarrow y^2 = 16 \Rightarrow \boxed{y = 4}$

4) $\operatorname{tg} \alpha = \dfrac{h}{y} \Rightarrow \operatorname{tg} \alpha = \dfrac{6}{4} \Rightarrow \boxed{\operatorname{tg} \alpha = \dfrac{3}{2}}$

**Exemplo 3**: Determinar a área dos seguintes polígonos:

a)
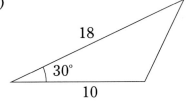

$S = \dfrac{1}{2} ab \operatorname{sen} \theta$

$S = \dfrac{1}{2} \cdot 10 \cdot 18 \cdot \operatorname{sen} 30º$

$S = 5 \cdot 18 \cdot \dfrac{1}{2}$

$\boxed{S = 45}$

b)
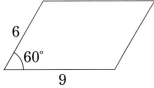

$S = ab \operatorname{sen} \theta$

$S = 6 \cdot 9 \cdot \operatorname{sen} 60º$

$S = 6 \cdot 9 \cdot \dfrac{\sqrt{3}}{2}$

$\boxed{S = 27\sqrt{3}}$

c)
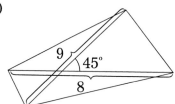

$S = \dfrac{1}{2} xy \operatorname{sen} \theta$

$S = \dfrac{1}{2} \cdot 8 \cdot 9 \cdot \operatorname{sen} 45º$

$S = 4 \cdot 9 \cdot \dfrac{\sqrt{2}}{2}$

$\boxed{S = 18\sqrt{2}}$

**Exemplo 4**: Determinar x nos casos:

a)
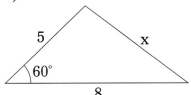

**Lei dos cossenos:**

$x^2 = 5^2 + 8^2 - 2 \cdot 5 \cdot 8 \cdot \cos 60º$

$x^2 = 25 + 64 - 2 \cdot 40 \cdot \dfrac{1}{2} \Rightarrow$

$x^2 = 89 - 40 \Rightarrow x^2 = 49 \Rightarrow \boxed{x = 7}$

b)
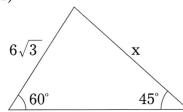

**Lei dos senos:**

$\dfrac{x}{\operatorname{sen} 60º} = \dfrac{6\sqrt{3}}{\operatorname{sen} 45º} \Rightarrow x \cdot \operatorname{sen} 45º = 6\sqrt{3} \cdot \operatorname{sen} 60º$

$x \dfrac{\sqrt{2}}{2} = 6\sqrt{3} \cdot \dfrac{\sqrt{3}}{2} \Rightarrow x = \dfrac{18}{\sqrt{2}} \cdot \dfrac{\sqrt{2}}{\sqrt{2}} \Rightarrow \boxed{x = 9\sqrt{2}}$

**Exemplo 5**: Determinar o raio da circunferência circunscrita ao triangulo, nos casos:

a)
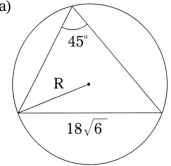

$\dfrac{18\sqrt{6}}{\operatorname{sen} 45º} = 2R \Rightarrow$

$2R = \dfrac{18\sqrt{6}}{\dfrac{\sqrt{2}}{2}} \Rightarrow$

$2R = 36\sqrt{3} \Rightarrow \boxed{R = 18\sqrt{3}}$

b)
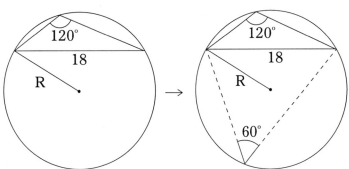

$\dfrac{18}{\operatorname{sen} 120º} = \dfrac{18}{\operatorname{sen} 60º} = 2R \Rightarrow 2R = \dfrac{18}{\dfrac{\sqrt{3}}{2}} \Rightarrow$

$2R = \dfrac{36}{\sqrt{3}} \Rightarrow R = \dfrac{18}{\sqrt{3}} \Rightarrow R = \dfrac{18\sqrt{3}}{\sqrt{3} \cdot \sqrt{3}} \Rightarrow$

$\boxed{R = 6\sqrt{3}}$

Obs: Podemos considerar que $\operatorname{sen}(180º - \alpha) = \operatorname{sen}\alpha$

**277** De acordo com as medidas indicadas na figura, completar:

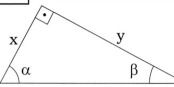

a) O cateto oposto a α é

b) O cateto adjacente a α é

c) O cateto oposto a β é

d) O cateto adjacente a β é

**278** De acordo com as medidas indicadas na figura determinar as seguintes razões:

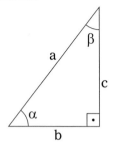

a) $\operatorname{sen} \alpha = \dfrac{\text{cat. op.}}{\text{hip.}} =$

b) $\cos \alpha = \dfrac{\text{cat. adj.}}{\text{hip.}} =$

c) $\operatorname{sen} \beta = \dfrac{\text{cat. op.}}{\text{hip.}} =$

d) $\cos \beta = \dfrac{\text{cat. adj.}}{\text{hip.}} =$

e) $\operatorname{tg} \alpha = \dfrac{\text{cat. op.}}{\text{cat. adj.}} =$

f) $\operatorname{tg} \beta = \dfrac{\text{cat. op.}}{\text{cat. adj.}} =$

**279** Levando em conta as medidas indicadas na figura, determinar:

a)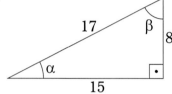

sen α =

cos β =

sen β =

cos α =

tg α =

tg β =

b)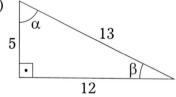

sen β =

cos α =

sen α =

cos β =

tg α =

tg β =

c)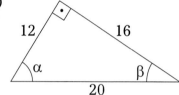

sen α =

sen β =

cos α =

cos β =

tg α =

tg β =

**280** Determinar sen α e cos α.

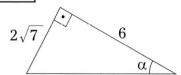

**281** Determinar sen β e tg β.

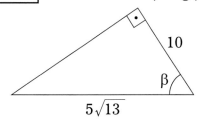

**282** Determinar cos α e tg α.

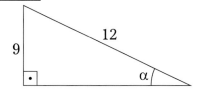

**283** Dada uma razão trigonométrica, determinar x, nos casos:

a) $\cos \alpha = \dfrac{2}{3}$

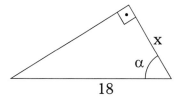

b) $\operatorname{sen} \beta = \dfrac{3}{4}$

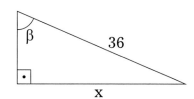

c) $\operatorname{tg} \gamma = \dfrac{3}{7}$

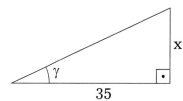

d) $\operatorname{sen} \gamma = \dfrac{2}{5}$

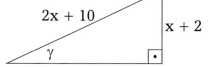

e) $\cos \alpha = \dfrac{4}{7}$

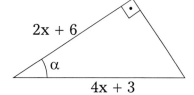

f) $\operatorname{tg} \beta = \dfrac{5}{8}$

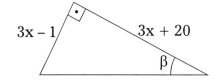

**284** Dada uma razão trigonométrica, determinar a incógnita, nos casos:

a) $\cos \beta = \dfrac{3}{5}$
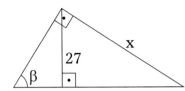

b) $\text{tg } \alpha = \dfrac{2}{3}$
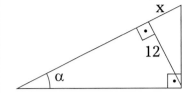

c) $\text{sen } \beta = \dfrac{3}{4}$
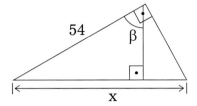

**285** Determinar as incógnitas, nos casos:

a) $\text{sen } \alpha = \dfrac{4}{7}$, $\text{tg } \beta = \dfrac{4}{5}$
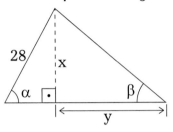

b) $\text{tg } \alpha = \dfrac{3}{2}$, $\text{tg } \beta = \dfrac{1}{2}$
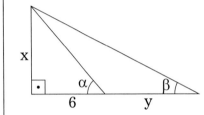

c) $\text{tg } \beta = \dfrac{6}{5}$, $\text{sen } \gamma = \dfrac{3}{5}$
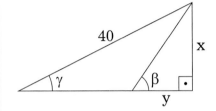

**286** Determinar o valor de x, nos casos:

a) $\text{sen } \alpha = \dfrac{2}{3}$
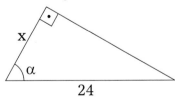

b) $\text{tg } \alpha = \dfrac{2\sqrt{5}}{5}$
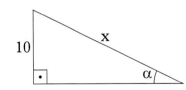

c) $\cos \beta = \dfrac{2\sqrt{2}}{7}$
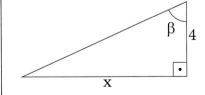

**287** Determinar as incógnitas, nos casos:

a) $\operatorname{sen} \beta = \dfrac{3}{4}$

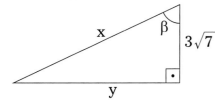

b) $\cos \alpha = \dfrac{4}{5}$

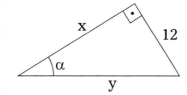

c) $\operatorname{tg} \gamma = \dfrac{1}{2}$

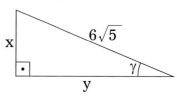

**288** Determinar as incógnitas, nos casos:

a) $\operatorname{tg} \alpha = \dfrac{6}{5}$ , $\operatorname{tg} \beta = \dfrac{2}{3}$

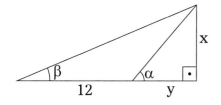

b) $\operatorname{tg} \theta = \dfrac{9}{5}$ , $\operatorname{sen} \alpha = \dfrac{3}{5}$

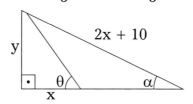

c) $\cos \theta = \dfrac{4}{5}$ , $\cos \alpha = \dfrac{3}{5}$

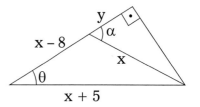

Resp: **277** a) y  b) x  c) x  d) y  **278** a) $\dfrac{c}{a}$  b) $\dfrac{b}{a}$  c) $\dfrac{b}{a}$  d) $\dfrac{c}{a}$  e) $\dfrac{c}{b}$  f) $\dfrac{b}{c}$

**279** a) $\dfrac{8}{17}, \dfrac{8}{17}, \dfrac{15}{17}, \dfrac{15}{17}, \dfrac{8}{15}, \dfrac{15}{8}$   b) $\dfrac{5}{13}, \dfrac{5}{13}, \dfrac{12}{13}, \dfrac{12}{13}, \dfrac{12}{5}, \dfrac{5}{12}$   c) $\dfrac{4}{5}, \dfrac{3}{5}, \dfrac{3}{5}, \dfrac{4}{5}, \dfrac{4}{3}, \dfrac{3}{4}$

**280** $\operatorname{sen} \alpha = \dfrac{\sqrt{7}}{4}$ , $\cos \alpha = \dfrac{3}{4}$   **281** $\operatorname{sen} \beta = \dfrac{3\sqrt{13}}{13}$ , $\operatorname{tg} \beta = \dfrac{3}{2}$   **282** $\cos \alpha = \dfrac{\sqrt{7}}{4}$ , $\operatorname{tg} \alpha = \dfrac{3\sqrt{7}}{7}$

**283** a) 12  b) 9  c) 15  d) 10  e) 15  f) 12

**289** Determinar x, nos casos:

a) Dados $\operatorname{sen}\alpha = \dfrac{3}{4}$ e $\operatorname{sen}\beta = \dfrac{2}{3}$
(Sem usar lei dos senos)

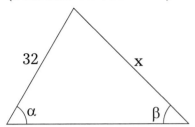

b) Dados $\cos\alpha = \dfrac{4}{5}$
(Sem usar lei dos cossenos)

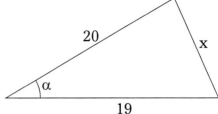

---

**290** Note que:

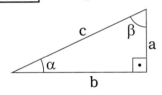

I) $\operatorname{sen}\alpha = \cos\beta = \dfrac{a}{c}$ e $\operatorname{sen}\beta = \cos\alpha = \dfrac{b}{c}$

II) $\operatorname{tg}\alpha = \dfrac{a}{b}$ e $\operatorname{tg}\beta = \dfrac{b}{a}$ $\Rightarrow$ $\operatorname{tg}\alpha = \dfrac{1}{\operatorname{tg}\beta}$ e $\operatorname{tg}\beta = \dfrac{1}{\operatorname{tg}\alpha}$

"Se $\alpha$ e $\beta$ são os ângulos agudos de um triângulo retângulo ($\alpha + \beta = 90°$), então o seno de um é o cosseno do outro e a tangente de um é o inverso da tangente do outro".

Se $\alpha + \beta = 90°$, complentar:

a) $\operatorname{sen}\alpha = \dfrac{1}{3}$ $\Rightarrow$ $\cos\beta =$

b) $\cos\alpha = \dfrac{5}{7}$ $\Rightarrow$ $\operatorname{sen}\beta =$

c) $\operatorname{tg}\alpha = \dfrac{3}{7}$ $\Rightarrow$ $\operatorname{tg}\beta =$

d) $\cos\alpha = \dfrac{2}{5}$ $\Rightarrow$ $\operatorname{sen}\beta =$

e) $\cos\beta = \dfrac{\sqrt{3}}{5}$ $\Rightarrow$ $\operatorname{sen}\alpha =$

f) $\operatorname{tg}\alpha = \dfrac{1}{5}$ $\Rightarrow$ $\operatorname{tg}\beta =$

g) $\operatorname{tg}\alpha = \dfrac{\sqrt{3}}{6}$ $\Rightarrow$ $\operatorname{tg}\beta =$

h) $\operatorname{tg}\beta = \dfrac{\sqrt{2}}{4}$ $\Rightarrow$ $\operatorname{tg}\alpha =$

i) $\operatorname{tg}\beta = \dfrac{\sqrt{6}}{3}$ $\Rightarrow$ $\operatorname{tg}\alpha =$

j) $\operatorname{tg}\alpha = \dfrac{2\sqrt{3}}{3}$ $\Rightarrow$ $\operatorname{tg}\beta =$

k) $\operatorname{sen}\alpha = \dfrac{5}{9}$ $\Rightarrow$ $\cos(90° - \alpha) =$

l) $\cos\beta = \dfrac{\sqrt{5}}{8} = \operatorname{sen}(90° - \beta) =$

m) $\operatorname{sen}\beta = \dfrac{\sqrt{2}}{4}$ $\Rightarrow$ $\cos(90° - \beta) =$

n) $\cos(90° - \alpha) = \dfrac{5}{6}$ $\Rightarrow$ $\operatorname{sen}\alpha =$

o) $\cos(90° - x) = \dfrac{\sqrt{3}}{7}$ $\Rightarrow$ $\operatorname{sen} x =$

p) $\operatorname{sen}(90° - x) = \dfrac{\sqrt{5}}{4}$ $\Rightarrow$ $\cos x =$

**291** Completar com seno ou cosseno do complemento, nos casos:

a) sen 40° =            b) cos 10° =            c) sen 20° =
d) cos 45° =            e) sen 15° =            f) cos 15° =
g) sen 30° =            h) sen 60° =            i) cos 18° =

**292** Mostre que se α é um ângulo agudo de um triângulo retângulo, então $sen^2 \alpha + cos^2 \alpha = 1$.

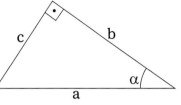

Sendo α um ângulo agudo, determine sen α, nos casos: ( sen α > 0).

a) $\cos \alpha = \dfrac{3}{5}$    b) $\cos \alpha = \dfrac{12}{13}$    c) $\cos \alpha = \dfrac{3}{4}$

Sendo β um ângulo agudo, determine cos β, nos casos: ( cos β > 0).

d) $sen \beta = \dfrac{8}{17}$    e) $sen \beta = \dfrac{2\sqrt{2}}{3}$    f) $sen \beta = \dfrac{\sqrt{7}}{4}$

**Resp:** **284** a) 45   b) 8   c) 72   **285** a) x = 16, y = 20   b) x = 9, y = 12   c) x = 24, y = 20
**286** a) $8\sqrt{5}$   b) 15   c) $\sqrt{82}$   **287** a) x=12, y = 9   b) x=16, y = 20   c) x = 6, y = 12
**288** a) x=18, y = 15   b) x=10, y = 18   c) x = 15, y = 9

**293** Sendo α um ângulo agudo de um triângulo retângulo, mostre que $tg\ \alpha = \dfrac{sen\ \alpha}{cos\ \alpha}$.

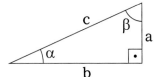

Sendo α um ângulo agudo, determine tg α, nos casos: (tg α > 0).

a) $sen\ \beta = \dfrac{2}{3}$

b) $cos\ \alpha = \dfrac{\sqrt{5}}{5}$

**294** Sabe-se que se α + β = 180°, então sen α = sen β e cos α = – cos β. Ou seja

$$sen(180° - \alpha) = sen\ \alpha \quad e \quad cos(180° - \alpha) = - cos\ \alpha$$

Completar com seno ou – cosseno do suplemento, nos casos:

a) sen 100° =

b) sen 120° =

c) sen 105° =

d) cos 150° =

e) cos 105° =

f) cos 120° =

g) sen 135° =

h) cos 135° =

i) sen 20° =

j) cos 50° =

k) cos 60° =

l) sen 15° =

m) sen (180° – θ) =

n) cos (180° – θ) =

**295** Observando o quadrado e o triângulo retângulo isósceles, determinar:

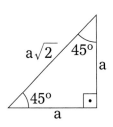

a) sen 45° = cos 45° =

b) tg 45° =

**296** Observando o triângulo equilátero e o triângulo retângulo com ângulos agudos de 30° e 45°,

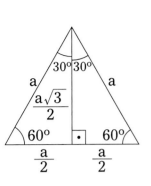
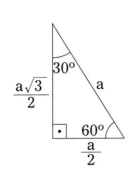

a) sen 30° = cos 60° =

b) sen 60° = cos 30° =

c) tg 60° =

d) tg 30° =

**297** Sabendo-se que sen(180° − α) = sen α e que cos (180° − α) = − cos α, determinar:

a) sen 150° =

b) cos 120° =

b) sen 120° =

d) cos 150° =

e) sen 135° =

f) cos 135° =

**298** Determinar y, nos casos:

a) y = 8 sen 45° · sen 30° · sen 60° ⇒

b) y = 16 cos 30° · cos 45° · cos 60° ⇒

c) y = 24 sen 60° · cos 30° · sen 45° ⇒

d) y = 8 sen 60° · cos 60° · sen 45° ⇒

**299** Determinar y, nos casos:

a) y = 8 cos 150° · sen 120° · cos 135° ⇒

b) y = − 16 cos 120° · sen 135° · sen 150° ⇒

**Resp:** **289** a) 36  b) $3\sqrt{17}$  **290** a) $\frac{1}{3}$  b) $\frac{5}{7}$  c) $\frac{7}{3}$  d) $\frac{2}{5}$  e) $\frac{\sqrt{3}}{5}$  f) 5  g) $2\sqrt{3}$  h) $2\sqrt{2}$
i) $\frac{\sqrt{6}}{2}$  j) $\frac{\sqrt{3}}{2}$  k) $\frac{5}{9}$  l) $\frac{\sqrt{5}}{8}$  m) $\frac{\sqrt{2}}{4}$  n) $\frac{5}{6}$  o) $\frac{\sqrt{3}}{7}$  p) $\frac{\sqrt{5}}{4}$
**291** a) cos 50°  b) sen 80°  c) cos 70°  d) sen 45°  e) cos 75°  f) sen 75°  g) cos 60°  h) cos 30°  i) sen 72°
**292** a) $\frac{4}{5}$  b) $\frac{5}{13}$  c) $\frac{\sqrt{7}}{4}$  d) $\frac{15}{17}$  e) $\frac{1}{3}$  f) $\frac{3}{4}$

**300** Mostre que a área do triângulo dado é $S = \dfrac{1}{2} ab \operatorname{sen} \theta$.

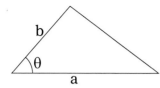
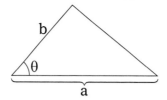

**301** Determinar a área do triângulo dado, nos casos:

a)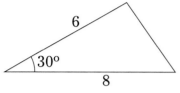

b)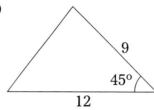

c)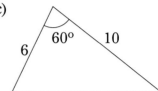

d)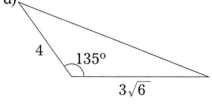

e)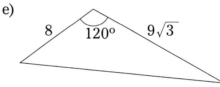

f)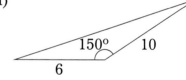

**302** Mostre que a área do paralelogramo dado é $S = ab \operatorname{sen} \theta$.

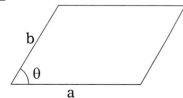
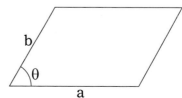

**303** Determinar a área do paralelogramo, nos casos:

a)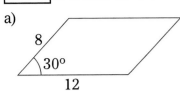

b)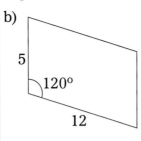

c)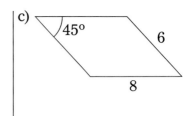

**304** Determinar a área do quadrilátero, nos casos:

Obs.: Traçar paralelas as diagonais.

a) A diagonais medem 9 m e 12 m.

b) As diagonais medem 12 m e 15 m.

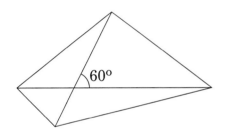

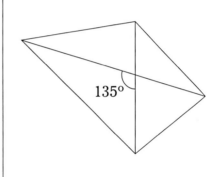

**305** Se $\alpha$ é a medida em graus de um ângulo agudo, determinar $\alpha$, nos casos:

a) $\operatorname{sen} \alpha = \frac{1}{2}$

b) $\cos \alpha = \frac{\sqrt{2}}{2}$

c) $\operatorname{tg} \alpha = \sqrt{3}$

d) $\cos \alpha = \frac{1}{2}$

e) $\operatorname{sen} \alpha = \frac{\sqrt{3}}{2}$

f) $\operatorname{sen} \alpha = \frac{\sqrt{2}}{2}$

g) $\cos \alpha = \frac{\sqrt{3}}{2}$

h) $\operatorname{tg} \alpha = 1$

i) $\operatorname{tg} \alpha = \frac{\sqrt{3}}{3}$

Resp: **293** a) $\frac{2\sqrt{5}}{5}$  b) 2    **294** a) sen 80°  b) sen 60°  c) sen 75°  d) – cos 30°  e) – cos 75°  f) – cos 60°
g) sen 45°  h) – cos 45°  i) sen 160°  j) – cos 130°  k) – cos 120°  l) sen 165°  m) sen θ  n) – cos θ

**295** a) $\frac{\sqrt{2}}{2}$  b) 1   **296** a) $\frac{1}{2}$  b) $\frac{\sqrt{3}}{2}$  c) $\sqrt{3}$  d) $\frac{\sqrt{3}}{3}$   **297** a) $\frac{1}{2}$  b) $-\frac{1}{2}$  c) $\frac{\sqrt{3}}{2}$
d) $\frac{-\sqrt{3}}{2}$  e) $\frac{\sqrt{2}}{2}$  f) $-\frac{\sqrt{2}}{2}$   **298** a) $\sqrt{6}$  b) $2\sqrt{6}$  c) $9\sqrt{2}$  d) $\sqrt{6}$   **299** a) $3\sqrt{2}$  b) $2\sqrt{2}$

**306** Se α é a medida em graus de um ângulo obtuso, determinar α, nos casos:

a) $\operatorname{sen} \alpha = \dfrac{1}{2}$

b) $\cos \alpha = -\dfrac{1}{2}$

c) $\operatorname{sen} \alpha = \dfrac{\sqrt{2}}{2}$

d) $\cos \alpha = -\dfrac{\sqrt{2}}{2}$

e) $\operatorname{sen} \alpha = \dfrac{\sqrt{3}}{2}$

f) $\cos \alpha = -\dfrac{\sqrt{3}}{2}$

**307** Usando a lei dos cossenos, determinar x, nos casos:

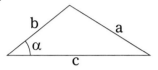

$$a^2 = b^2 + c^2 - 2bc \cos \alpha$$

a)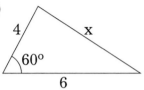

b)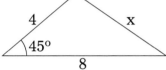

c)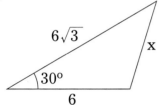

d)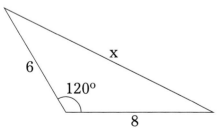

e)

**308** Determinar a menor e a maior diagonal do paralelogramo dado.

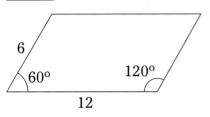 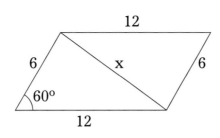 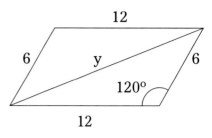

**309** Usando a lei dos senos, determinar x, nos casos:

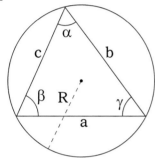

$$\frac{a}{\operatorname{sen}\alpha} = \frac{b}{\operatorname{sen}\beta} = \frac{c}{\operatorname{sen}\gamma} = 2R$$

a)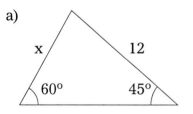

b)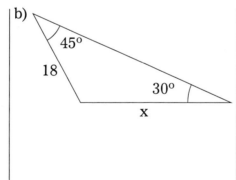

c)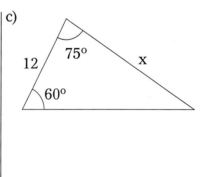

d)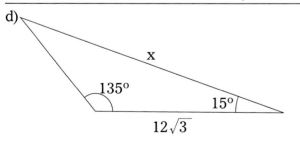

Resp: **301** a) 12 m² b) 27√2 m² c) 15√3 m² d) 6√3 m² e) 54 m² f) 15 m²

**303** a) 48 m² b) 30√3 m² c) 24√2 m² **304** b) 27√3 m² b) 45√2 m² **305** a) 30° b) 45°

c) 60° d) 60° e) 60° f) 45° g) 30° h) 45° i) 30°

**310** Determinar o raio da circunferência circunscrita ao triângulo, nos casos:

a)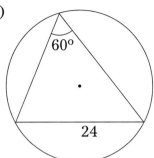
b)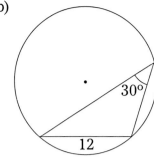
c)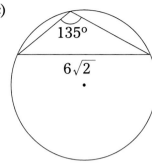

**311** Determinar cos α, nos casos:

Obs.: Quando α for 30°, 45°, 60°, 150°, 135° ou 120°, determinar também α.

a)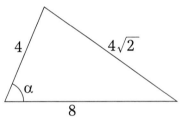
b)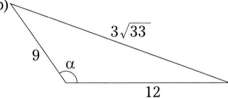

c)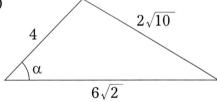
d)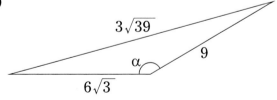

**312** Determinar sen α, nos casos:
Obs.: Se α for 30°, 45°, 60°, 150°, 135° ou 120°, determinar também α.

a)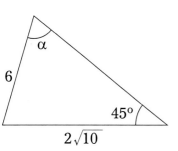

b) α é agudo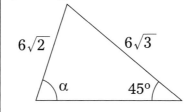

c) α é obtuso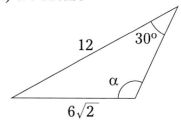

**313** Determinar o valor de x, nos casos:

a)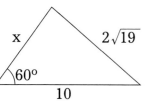

b)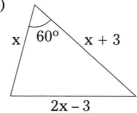

c)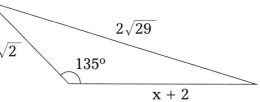

**Resp:** **306** a) 150°   b) 120°   c) 135°   d) 135°   e) 120°   f) 150°   **307** a) $2\sqrt{7}$   b) $4\sqrt{5} - 3\sqrt{2}$   c) 6   d) $2\sqrt{37}$   e) $4\sqrt{10}$   **308** $6\sqrt{3}$ e $6\sqrt{7}$   **309** a) $4\sqrt{6}$   b) $18\sqrt{2}$   c) $12\sqrt{3}$   d) $12\sqrt{6}$

**314** Escrevendo primeiramente a razão trigonométrica adequada, determinar o valor de x, nos casos:

a)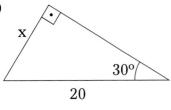

b)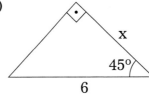

c)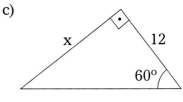

d)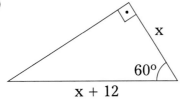

e)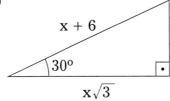

f)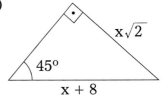

g) Triângulo isósceles

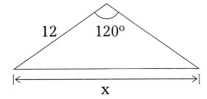

h) Trapézio isósceles

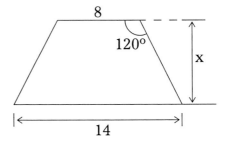

**315** Determinar as incógnitas, nos casos:

a) Trapézio isósceles

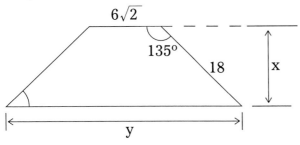

b) Trapézio retângulo

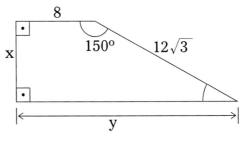

**316** Determinar α, nos casos:

a)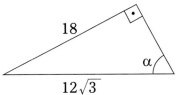
b)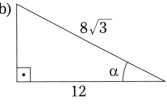
c)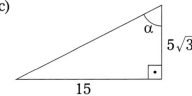

**317** Resolver:

a) Um ponto de um lado de um ângulo de 30° dista 18 cm do vértice. Quanto ele dista do outro lado?

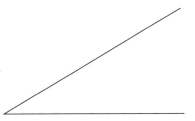

b) Um ponto de um lado de um ângulo de 60° dista 12 cm do outro lado. Quanto ele dista da bissetriz deste ângulo?

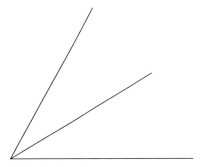

c) Um ponto de um setor angular de 90° dista 4 m e 10 m dos lados do setor. Quanto ele dista da bissetriz do setor?

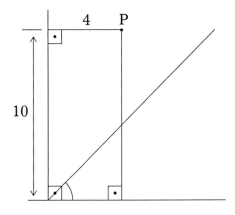

d) Um ponto de um setor angular de 60° dista 6 m e 18 m dos lados do setor. Quanto ele dista da bissetriz do setor?

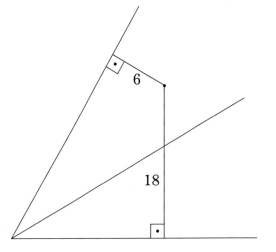

**Resp:** **310** a) $8\sqrt{3}$  b) 12  c) 6  **311** a) $\frac{3}{4}$  b) $-\frac{1}{3}$  c) $\frac{\sqrt{2}}{2}$, 45°  d) $-\frac{\sqrt{3}}{2}$, 150°

**312** a) $\frac{\sqrt{5}}{3}$  b) $\frac{\sqrt{3}}{2}$, 60°  c) $\frac{\sqrt{2}}{2}$, 135°  **313** a) 4 ou 6  b) 5  c) 4

**318** Natureza de um triângulo (acutângulo, retângulo ou obtusângulo)

Seja **a**, **b** e **c** as medidas dos lados de um triângulo com a > b e a > c e com α sendo o ângulo oposto a **a** ( α é o maior ângulo do triângulo).

I) Se $a^2 = b^2 + c^2$, sabemos que ele é triângulo retângulo ( α = 90°).

II) De acordo com a lei dos cossenos, como cos α > 0, se α é agudo e cos α < 0, se α é obtuso, podemos afirmar que:

$a^2 > b^2 + c^2 \Rightarrow \alpha > 90° \Rightarrow$ O triângulo é obtusângulo

$a^2 < b^2 + c^2 \Rightarrow \alpha < 90° \Rightarrow$ O triângulo é acutângulo

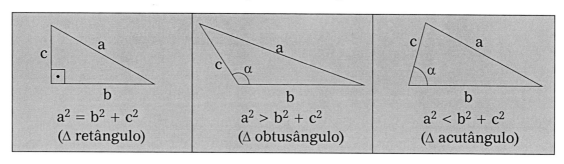

Determinar a natureza do triângulo, dados os lados, nos casos:

Obs.: Considere α sendo o maior ângulo do triângulo

a) 9 m, 15 m e 18 m

b) 10 m, 12 m e 15 m

c) 8 m, 12 m e $4\sqrt{13}$ m

d) $5\sqrt{5}$ m, 10 m, 15 m

e) 16 m, 30 m e 35 m

f) 15 m, 20 m e 24 m

**319** Determinar a razão entre as áreas dos triângulos, nos casos:

a)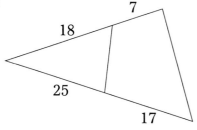

b)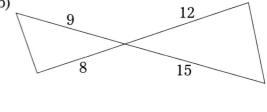

**320** Determinar a razão entre as áreas das partes menores.

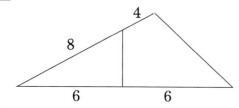

**321** Determinar a áreas do polígono, nos casos:

a)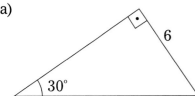

b)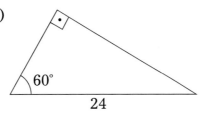

c)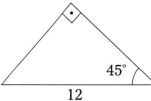

d) Triângulo isósceles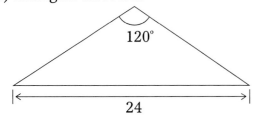

e) Trapézio retângulo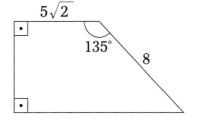

f) Triângulo isósceles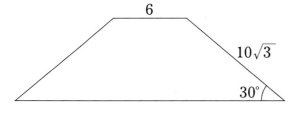

g) Trapézio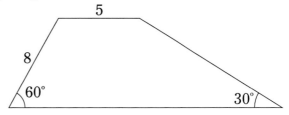

**Resp:** **314** a) 10   b) $3\sqrt{2}$   c) $12\sqrt{3}$   d) 12   e) 6   f) 8   g) $12\sqrt{3}$   h) $3\sqrt{3}$   **315** a) $x = 9\sqrt{2}$, $y = 24\sqrt{2}$   b) $x = 6\sqrt{3}$, $y = 26$   **316** a) 60°   b) 30°   c) 60°   **317** a) 9   b) $4\sqrt{3}$   c) $3\sqrt{2}$   d) $4\sqrt{3}$

**322** Determinar a áreas dos seguintes polígonos:

a) Trapézio

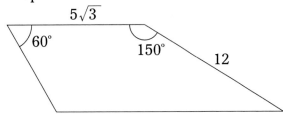

b)

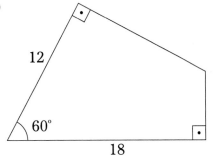

c)

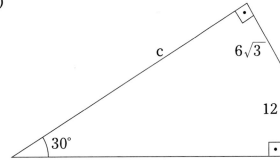

d) Paralelogramo

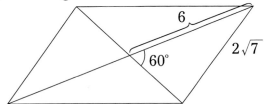

**323** Resolver:

a) Um ponto de um lado de um ângulo de 60° dista 28 m do vértice. Quanto ele dista da bissetriz desse ângulo?

b) Um ponto de um lado de um ângulo de 60° dista 24 m do outro lado. Quanto ele dista da bissetriz do ângulo?

c) Um ponto de um lado de um ângulo de 60° dista 10 m da bissetriz. Quanto ele dista do outro lado?

**324** Resolver:

a) Um ponto interno de um ângulo reto dista 8 m e 15 m dos lados do ângulo. Quanto ele dista do vértice do ângulo?

b) Um ponto interno de um ângulo reto dista 6 m e 16 m dos lados de um ângulo reto. Quanto ele dista da bissetriz do ângulo?

c) Um ponto de um ângulo reto dista $5\sqrt{2}$ m de um lado e 4 m da bissetriz do ângulo. Quanto ele dista do outro lado do ângulo?

**325** Resolver:

a) Um ponto interno de um ângulo de 60° dista 6 m e 12 m dos lados do ângulo. Quanto ele dista da bissetriz desse ângulo?

b) Um ponto externo de um ângulo de 60° dista 6 m e 24 m dos lados desse ângulo. Quanto ele dista da bissetriz desse ângulo?

**326** Determinar a área do trapézio retângulo em questão, nos casos:

a) A base menor mede 10 m, a altura 6 m e um ângulo 45°

b) A base menor mede 12 m, o lado oblíquo $12\sqrt{3}$ m e um ângulo 150°

c) A base maior mede 30 m, a altura $20\sqrt{3}$ m e um ângulo 120°

d) A base maior mede 43 m, o lado oblíquo $24\sqrt{3}$ m e um ângulo 150°

**327** Determinar a área do paralelogramo em questão, nos casos:

a) Um ângulo mede 60° e a projeção de um vértice sobre um lado o divide em partes de 12 m e 10 m.

b) Um ângulo mede 30° e as projeções de cada lado sobre a reta do lado adjacente medem 18 m e $10\sqrt{3}$ m.

**328** Determinar a área do trapézio escaleno cujos ângulos da base menor são obtusos nos casos:

a) A base menor mede 14 m, um lado oblíquo, que forma um ângulo de 30° com base, $12\sqrt{3}$ m e o outro lado oblíquo 12 m.

b) A base menor mede $(7 - \sqrt{3})$ m, a altura 6 m e os ângulos obtusos 120° e 135°.

**329** Um trapézio têm ângulo de 60° e 30°, a base menor de 12 m e o lado oblíquo adjacente ao ângulo de 60° de 18 m. Determinar a sua área.

**330** Um paralelogramo tem lados respectivamente iguais a 10 cm e 8 cm. Sabendo que um de seus ângulos internos vale 120°, calcular o perímetro do quadrilátero convexo formado pels bissetrizes de seus ângulos internos.

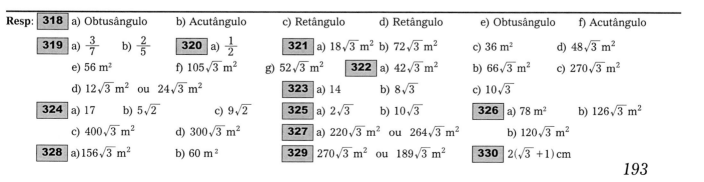

# VII POLÍGONOS REGULARES

**Definição**: Um polígono convexo é regular quando os seus lados são congruentes entre si e os seus ângulos internos são congruentes entre si.

Os polígonos regulares que serão explorados neste capítulo são os seguintes:

1) Triângulo equilátero

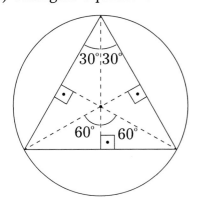

Si = 180° e Ai = 60°

2) Quadrado

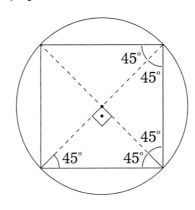

Si = 360° e Ai = 90°

3) Hexágono regular

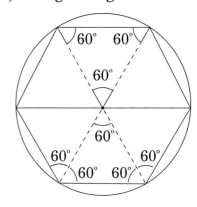

Si = 720° e Ai = 120°

4) Octógono regular (8 lados)

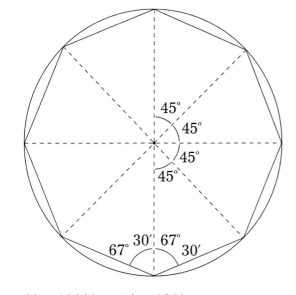

Si = 1080° e Ai = 135°

5) Dodecágono regular (12 lados)

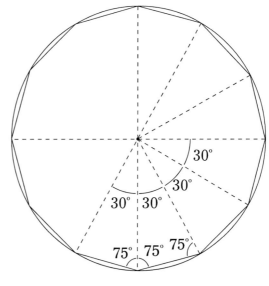

Si = 1800° e Ai = 150°

Obs: Prova-se que em todo polígono regular há uma circunferência inscrita e uma circunferência circunscrita, e elas têm o mesmo centro. Exemplos:

(O incentro e o circuncentro são coincidentes)

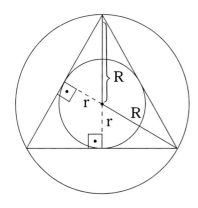
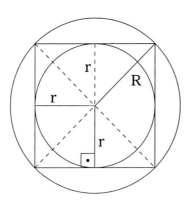

**R** é o raio da circunferência circunscrita.

**r** é o raio da circunferência inscrita.

**r** é também o apótema do polígono.

**Exemplo 1**: Mostre que, em um triângulo equilátero, $R = 2r$.

Obs.: Nestes exemplos e nos exercícios seguintes considerar **R** e **r** como os raios, respectivamente, da circunscrita e da inscrita.

| **1º modo**: O centro é também baricentro. | **2º modo**: Semelhança | **3º modo**: Razão trigonométrica |
|---|---|---|
| 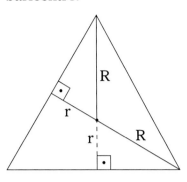 $R = \dfrac{2}{3}h$ e $r = \dfrac{1}{3}h \Rightarrow$ $\boxed{R = 2r}$ | 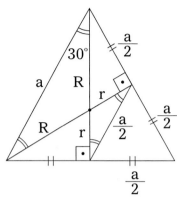 $\dfrac{R}{r} = \dfrac{a}{\dfrac{a}{2}} \Rightarrow \boxed{R = 2r}$ | 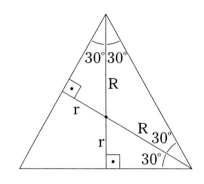 $\operatorname{sen} 30° = \dfrac{r}{R} = \dfrac{1}{2} \Rightarrow \boxed{R = 2r}$ |

Obs.: Há outro modos.

**Exemplo 2**: Observar os raios **r** e **R**, nos seguintes polígonos de lado **a**.

1) **Triângulo equilátero**

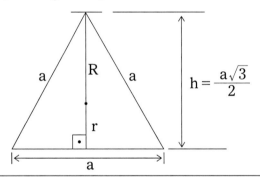

Como $R = 2r$ e $R + r = h$, obtemos:

$R + r = h \Rightarrow 2r + r = h \Rightarrow 3r = h \Rightarrow$

$r = \dfrac{1}{3}h$ e $R = \dfrac{2}{3}h$

Então: $r = \dfrac{1}{3}\left(\dfrac{a\sqrt{3}}{2}\right)$ e $R = \dfrac{2}{3}\left(\dfrac{a\sqrt{3}}{2}\right)$

2) **Quadrado**

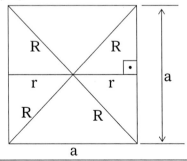

Como $a = 2r$ e $d = 2R$, obtemos:

1) $a = 2r \Rightarrow r = \dfrac{a}{2}$

2) $d = 2R \Rightarrow 2R = d \Rightarrow 2R = a\sqrt{2} \Rightarrow R = \dfrac{a\sqrt{2}}{2}$

Então: $r = \dfrac{a}{2}$ e $R = \dfrac{a\sqrt{2}}{2}$

3) **Hexágono regular**

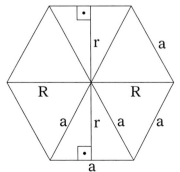

Como o hexágono é a união de 6 triângulos equiláteros de lado **a**, obtemos

1) $R = a$

2) $r = h \Rightarrow r = \dfrac{a\sqrt{3}}{2}$

Então: $R = a$ e $r = \dfrac{a\sqrt{3}}{2}$

**331** Considere um triângulo equilátero de lado **a**, altura **h**, raio da inscrita **r** e raio da circunscrita **R**. Determinar o que se pede:

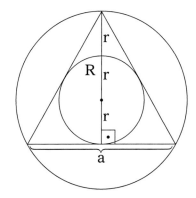

a) Se h = 12, determinar r, R e a.

b) Se a = 6, determinar h, r e R.

**332** Considere um quadrado de lado **a**, diagonal **d**, raio da inscrita **r** e raio da circunscrita **R**. Determinar o que se pede:

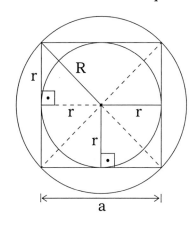

a) Se a = 8, determinar d, r e R.

b) Se d = 12, determinar a, r e R.

**333** Considere um hexágono regular de lado **a**, diagonal menor **d**, raio da inscrita **r** e raio da circunscrita **R**. Determinar o que se pede:

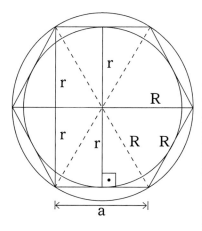

a) Se a = 18, determinar R, r e d.

b) Se d = 12, determinar a, r e R.

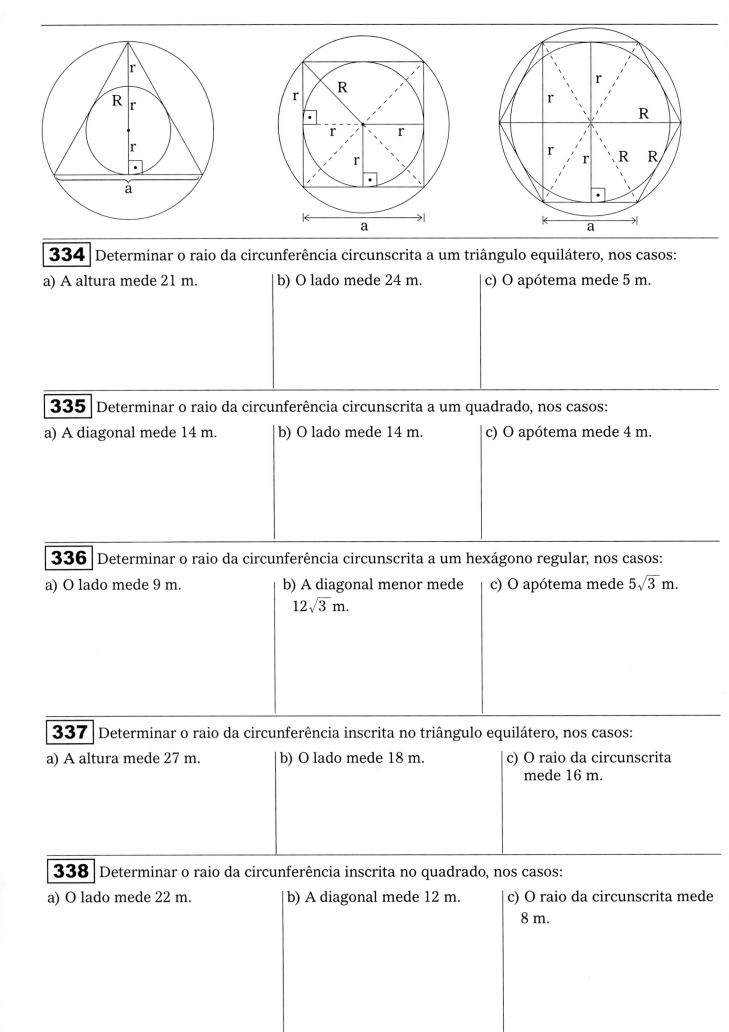

**334** Determinar o raio da circunferência circunscrita a um triângulo equilátero, nos casos:

a) A altura mede 21 m.   b) O lado mede 24 m.   c) O apótema mede 5 m.

**335** Determinar o raio da circunferência circunscrita a um quadrado, nos casos:

a) A diagonal mede 14 m.   b) O lado mede 14 m.   c) O apótema mede 4 m.

**336** Determinar o raio da circunferência circunscrita a um hexágono regular, nos casos:

a) O lado mede 9 m.   b) A diagonal menor mede $12\sqrt{3}$ m.   c) O apótema mede $5\sqrt{3}$ m.

**337** Determinar o raio da circunferência inscrita no triângulo equilátero, nos casos:

a) A altura mede 27 m.   b) O lado mede 18 m.   c) O raio da circunscrita mede 16 m.

**338** Determinar o raio da circunferência inscrita no quadrado, nos casos:

a) O lado mede 22 m.   b) A diagonal mede 12 m.   c) O raio da circunscrita mede 8 m.

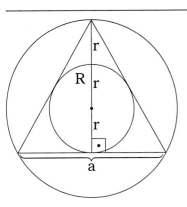
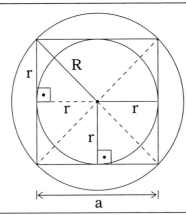
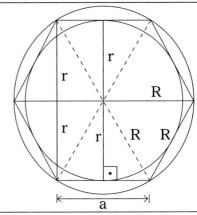

**339** Determinar o raio da circunferência inscrita no hexágono regular, nos casos:

a) O lado mede 22 m.

b) A diagonal menor mede 20 m.

c) O raio da circunscrita mede 28 m.

**340** Determinar a área do círculo circunscrito a um:

a) Triângulo equilátero de $36\sqrt{3}$ m² de área.

b) Quadrado de 144 m² de área.

c) Hexágono regular de $96\sqrt{3}$ m² de área.

**341** Determinar a área do círculo inscrito em um:

a) Triângulo equilátero de $81\sqrt{3}$ m² de área.

b) Quadrado de 256 m² de área.

c) Hexágono regular de $54\sqrt{3}$ m² de área.

Resp: **331** a) r = 4, R = 8, a = $8\sqrt{3}$   b) h = $3\sqrt{3}$, r = $\sqrt{3}$, R = $2\sqrt{3}$   **332** a) d = $8\sqrt{2}$, r = 4, R = $4\sqrt{2}$
b) a = $6\sqrt{2}$, r = $3\sqrt{2}$, R = 6   **333** a) R = 18, r = $9\sqrt{3}$, d = $18\sqrt{3}$   b) r = 6, a = $4\sqrt{3}$, R = $4\sqrt{3}$

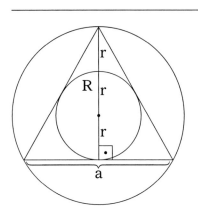
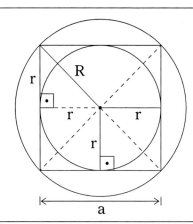
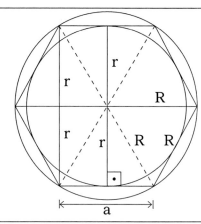

**342** Determinar a área do **polígono regular** inscrito em circunferência de comprimento **C** dado $(C = 2\pi R)$, nos casos:

a) Triângulo em circunferência de $C = 12\pi$ m.

b) Quadrado em circunferência $C = 10\pi$ m.

c) Hexágono em circuferência de $C = 16\pi$ m.

**343** Determinar a área do **polígono regular** circunscrito a um círculo de área A dada $(A = \pi r^2)$, nos casos:

a) Triângulo circunscrito a círculo com $A = 75\pi$ m².

b) Quadrilátero circunscrito a círculo com $A = 49\pi$ m².

c) Hexágono circunscrito a círculo com $A = 36\pi$ m².

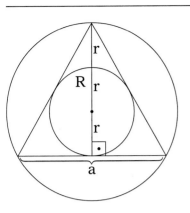 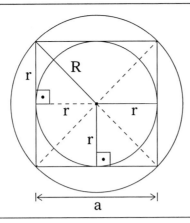 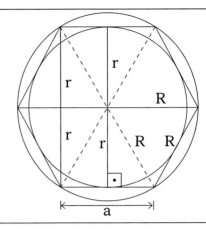

**344** Determinar a razão α entre as áreas dos círculos inscrito e circunscrito a um:

a) Triângulo equilátero.  
b) Quadrado.  
c) Hexágono regular.

**345** Na figura temos um octógono regular inscrito em uma circunferência de raio 6 m. Determinar:

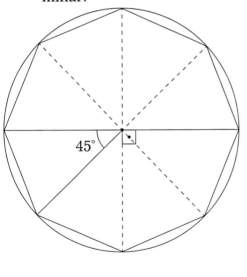

a) A área desse octógono (S)

b) A lado desse octógono (x) (Lei dos cossenos)

c) As suas diagonais a, b e c, com a < b < c

d) O raio da circuferência inscrita neste octógono

Resp: **334** a) 14  b) $8\sqrt{3}$  c) 10   **335** a) 7  b) $7\sqrt{2}$  c) $4\sqrt{2}$   **336** a) 9  b) 12  c) 10
**337** a) 9  b) $3\sqrt{3}$  c) 8   **338** a) 11  b) $3\sqrt{2}$  c) $4\sqrt{2}$   **339** a) $11\sqrt{3}$  b) 10  c) $14\sqrt{3}$
**340** a) $48\pi$ m²  b) $50\pi$ m²  c) $64\pi$ m²   **341** a) $27\pi$ m²  b) $64\pi$ m²  c) $27\pi$ m²

**346** Na figura temos um dodecágono regular inscrito em uma circunferência de raio 12 m. Determinar.

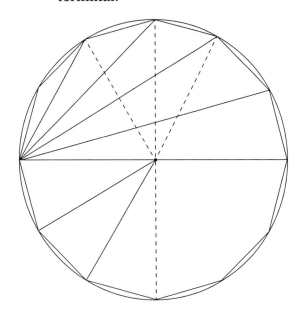

a) A área desse dodecágono

b) O lado desse dodecágono (Lei dos cossenos)

c) As suas diagonais a, b, c, d, e, com a < b < c < d < e

d) O raio da circunferência inscrita neste dodecágono

**347** Determinar o lado **a** de um octógono regular em função do raio **R** da circunferência circunscrita a ele. Usando o resultado obtido, determinar $\operatorname{sen}\left(\dfrac{45°}{2}\right) = \operatorname{sen}(22°\ 30')$.

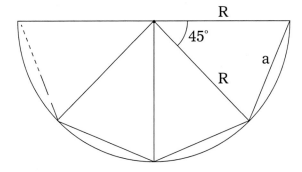

**348** Determinar o lado **a** de um dodecágono regular em função do raio **R** da circunferência circunscrita a ele. Usando o resultado obtido, determinar o $\operatorname{sen}15° = \operatorname{sen}\left(\dfrac{30°}{2}\right)$.

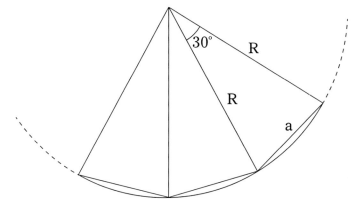

**Resp:** **342** a) $27\sqrt{3}\ m^2$  b) $50\ m^2$  c) $96\sqrt{3}\ m^2$   **343** a) $225\sqrt{3}\ m^2$  b) $196\ m^2$  c) $72\sqrt{3}\ m^2$

**344** a) $\dfrac{1}{4}$  b) $\dfrac{1}{2}$  c) $\dfrac{3}{4}$   **345** a) $72\sqrt{2}\ m^2$  b) $6\sqrt{2-\sqrt{2}}$  c) $6\sqrt{2+\sqrt{2}}$  d) $3\sqrt{2+\sqrt{2}}$

**349** Determinar a área do segmento circular sombreado, sabendo que o raio do círculo mede 12 m, nos casos:

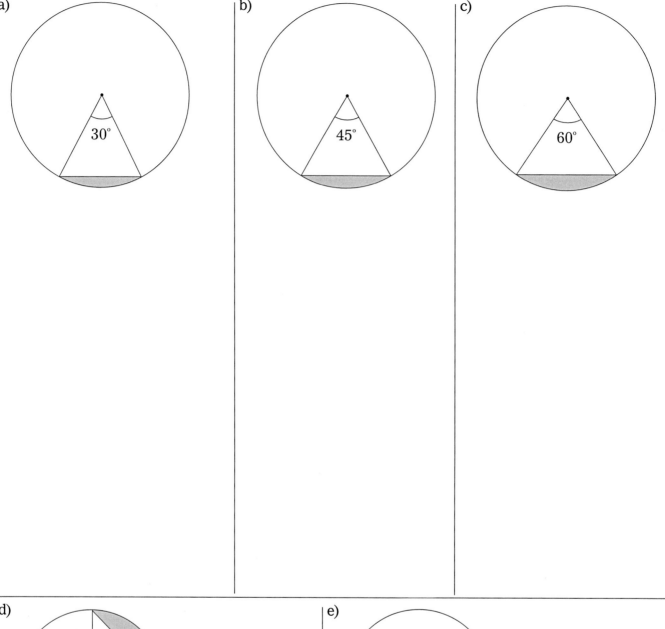

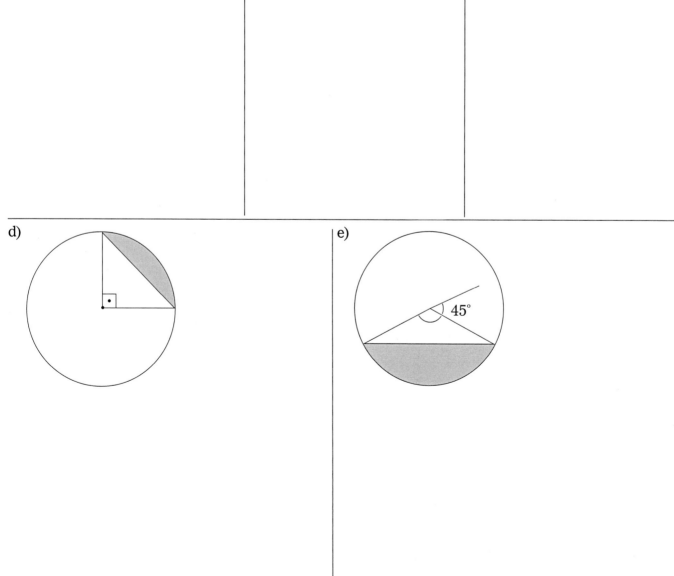

**350** Determinar a área da região sombreada, sabendo que o raio do círculo mede 12 m, nos casos:

a)
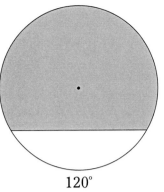
120°

b)
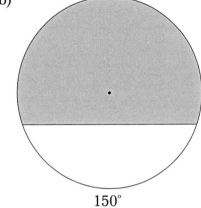
150°

c)
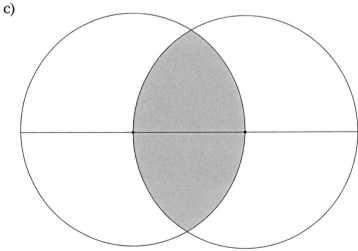

Resp: **346** a) 432 m² b) $12\sqrt{2-\sqrt{3}} = 6(\sqrt{6}-\sqrt{2})$ c) $a =12, e = 24, b =12\sqrt{2}$, $c =12\sqrt{3}$, $d =12\sqrt{2+\sqrt{3}} = 6(\sqrt{6}+\sqrt{2})$ d) $6\sqrt{2+\sqrt{3}} = 3(\sqrt{6}+\sqrt{2})$ **347** $a = R\sqrt{2-\sqrt{2}}$, sen (22° 30′) $= \frac{\sqrt{2-\sqrt{2}}}{2}$ **348** $a = \frac{R}{2}(\sqrt{6}-\sqrt{2})$, sen 15° $= \frac{\sqrt{6}-\sqrt{2}}{4}$

**351** Determinar a área da região sombreada, nos casos:

a) O raio do círculo mede **R**

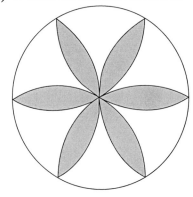

b) Os arcos AB, AC e BC têm centros **C**, **B** e **A** e raios **R**.

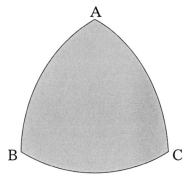

c) Na figura temos um setor de 60° e raio 18 m e uma circunferência inscrita nele.

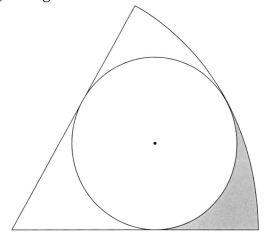

**352** Fórmula de **Hierão** para determinar a área de um triângulo em função das medidas dos lados **a**, **b** e **c**.

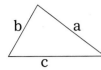

$$S = \sqrt{p(p-a)(p-b)(p-c)}, \quad p = \frac{a+b+c}{2}$$

Acompanhe uma demonstração do Hierão usado $S = \frac{1}{2}bc \operatorname{sen} \theta$, lei dos cossenos e $\operatorname{sen}^2 \theta + \cos^2 \theta = 1$

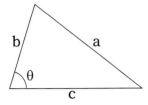

1) $\begin{cases} S = \frac{1}{2}bc \operatorname{sen} \theta \\ a^2 = b^2 + c^2 - 2bc \cos \theta \end{cases} \Rightarrow \begin{cases} \operatorname{sen} \theta = \frac{2S}{bc} \\ \cos \theta = \frac{b^2 + c^2 - a^2}{2bc} \end{cases}$

2) $\operatorname{sen}^2 \theta + \cos^2 \theta = 1 \Rightarrow \left(\frac{2S}{bc}\right)^2 + \left(\frac{b^2 + c^2 - a^2}{2bc}\right)^2 = 1 \Rightarrow$

$\frac{4S^2}{b^2 c^2} + \frac{(b^2 + c^2 - a^2)^2}{4b^2 c^2} = 1 \Rightarrow 16S^2 = 4b^2 c^2 - (b^2 + c^2 - a^2)^2 \Rightarrow$

$16S^2 = [2bc + (b^2 + c^2 - a^2)][2bc - (b^2 + c^2 - a^2)] \Rightarrow$

$16S^2 = [b^2 + 2bc + c^2 - a^2][a^2 - (b^2 - 2bc + c^2)] \Rightarrow$

$16S^2 = [(b+c)^2 - a^2][a^2 - (b-c)^2] \Rightarrow$

$16S^2 = (b+c+a)(b+c-a)(a+b-c)(a-b+c) \Rightarrow$

$16S^2 = (a+b+c)(a+b+c-2a)(a+b+c-2c)(a+b+c-2b) \Rightarrow$

$16S^2 = 2p(2p-2a)(2p-2c)(2p-2b) \Rightarrow$

$S^2 = p(p-a)(p-b)(p-c) \Rightarrow \boxed{S = \sqrt{p(p-a)(p-b)(p-c)}}$

Determinar a área dos seguintes triângulos:

a)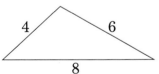

b)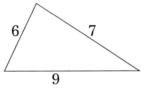

c)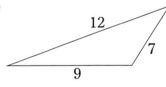

---

**Resp:** **349** a) $12(\pi - 3)$ m²    b) $18(\pi - 2\sqrt{2})$ m²    c) $12(2\pi - 3\sqrt{3})$ m²    d) $36(\pi - 2)$ m²    e) $18(3\pi - 2\sqrt{2})$ m²

**350** a) $12(8\pi + 3\sqrt{3})$ m²    b) $12(7\pi + 3)$ m²    c) $24(4\pi - 3\sqrt{3})$ m²

**353** Determinar a área do triângulo dadas as medidas dos lados, nos casos:

a) 10 m, 14 m, 16 m  
b) 12 m, 13 m, 17 m  
c) 12 m, 18 m, 18 m

**354** Determinar a área do triângulo com lados de $2\sqrt{7}$ m, $\sqrt{43}$ m e $5\sqrt{3}$ m.
Obs.: Neste caso não é conveniente aplicar Hierão. Faça uma tentativa!

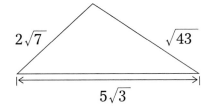

**355** Se AB = 24 m, BC = 21 m e AC = 15 m, determinar a área da região sombreada.

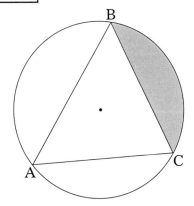

**356** Em cada caso temos um triângulo equilátero. Determine a área da região sombreada.

a) O lado mede 12 m.

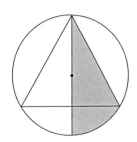

b) O triângulo tem $27\sqrt{3}$ m².

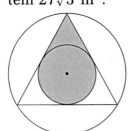

c) A altura do triângulo mede 18 m.

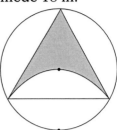

**357** Em cada caso temos um hexágono regular. Determine a área da região sombreada.

a) O hexágono tem $216\sqrt{3}$ m².

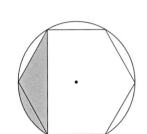

b) O círculo tem $36\pi$ m²

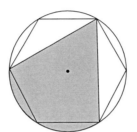

c) O triângulo equilátero circunscrito ao círculo tem $108\sqrt{3}$ m².

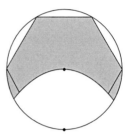

**358** Na figura temos um triângulo retângulo cujos lados são diâmetros das semicircunferências. Sendo A, B e T as áres das regiões sombreadas, mostre que T = A + B. (A soma das áreas das lúnulas é igual a área do triângulo)."Lúnulas de Hippocrates"

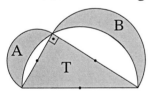

**359** Na figura temos um círculo com os diâmetros $\overline{AB}$ e $\overline{CD}$ perpendiculares.

O arco $\widehat{AB}$ tem centro em D. Mostre que a área do triângulo ABD é igual a área da região sombreada.

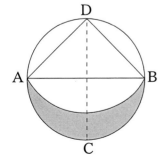

**360** Na figura OA = OB e $\overline{OA}$ e $\overline{OB}$ são diâmetros das semicircunferências.

Se o arco AB mede 90° e tem centro em O, mostre que a área sombreada X é igual a área sombreada Y.

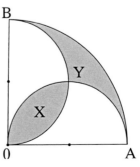

**Resp:** **351** a) $(2\pi - 3\sqrt{3})R^2$  b) $\frac{R^2}{2}(\pi - \sqrt{3})$  c) $3(5\pi - 6\sqrt{3})$ m²  **352** a) $3\sqrt{15}$ m²  b) $2\sqrt{110}$ m²  c) $14\sqrt{5}$ m²

**353** a) $40\sqrt{3}$ m²  b) $12\sqrt{42}$ m²  c) $72\sqrt{2}$ m²  **354** a) $10\sqrt{3}$ m²  **355** a) $\frac{49}{4}(4\pi - 3\sqrt{3})$ m²

**356** a) $4(2\pi + 3\sqrt{3})$ m²  b) $3(2\pi + 3\sqrt{3})$ m²  c) $48(3\sqrt{3} - \pi)$ m²  **357** a) $24\pi$ m²  b) $6(2\pi + 3\sqrt{3})$ m²  c) $3(15\sqrt{3} - 2\pi)$ m²

# VIII MEDIDAS

## A – Segmentos

| múltiplos do metro | | | Unidade | submúltiplos do metro | | |
|---|---|---|---|---|---|---|
| quilômetro | hectômetro | decâmetro | metro | decímetro | centímetro | milímetro |
| km | hm | dam | m | dm | cm | mm |
| 1000 m | 100 m | 10 m | 1 m | 0,1 m | 0,01 m | 0,001 m |

Em verdadeira grandeza (observar em uma régua milimetrada):

1 mm:  ⊢⊣

1 cm: ⊢────⊣ = 10 mm

1 dm: ⊢─┼─┼─┼─┼─┼─┼─┼─┼─┼─⊣ = 10 cm

1 cm = 10 mm,  1 dm = 10 cm = 10 (1 cm) = 10 (10 mm) = 100 mm

Em escala:

1 m

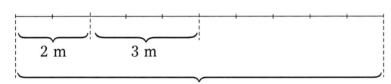

10 m = 1 dam

**Exemplo**: 1 dam = 10 m = 10 (1 m) = 10 (10 dm) = 100 dm

1 dam

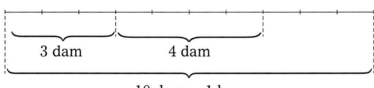

10 dam = 1 hm

**Exemplo**: 1 hm = 10 dam = 10 (1 dam) = 10 (100 dm) = 1000 dm

1 hm

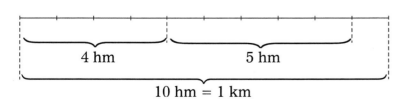

10 hm = 1 km

**Exemplos:**  1) 1 km = 10 hm = 10 (1 hm) = 10 (1000 dm) = 10 000 dm

2) 1 km = 10 000 dm = 10 000 (1 dm) = 10 000 (10 cm) = 100 000 cm

3) 1 km = $10^5$ cm = $10^5$ (1 cm) = $10^5$ (10 mm) = $10^6$ mm

**Exemplos:**

1) 10 m = 1 dam $\Rightarrow$ 10 (1 m) = 1 dam $\Rightarrow$ 1 m = $\frac{1}{10}$ dam $\Rightarrow$ 1 m = 0,1 dam

Da mesma forma:

2) hm = 0,1 km ; 1 cm = 0,1 dm ; 1 mm = 0,1 cm

3) 1 m = 0,01 hm ; 1 dm = 0,01 dam ; 1 cm = 0,001 dam

4) 1 cm = 0,001 dam = $\frac{1}{1000}$ dam = $\frac{1}{10^3}$ dam = $10^{-3}$ dam

5) 174,2 m = 17,42 dam = 1,742 hm = 0,1742 km

6) 2,432 km = 24,32 hm = 243,2 dam = 2432 m = 24320 dm

**1** Completar:

a) 1 km =     hm   | 1 hm =     dam | 1 dam =     m
b) 1 m =      dm   | 1 dm =     cm  | 1 cm =      mm
c) 1 km =     dam  | 1 hm =     m   | 1 dam =     dm
d) 1 m =      cm   | 1 dm =     mm  | 1 km =      m
e) 1 hm =     dm   | 1 dam =    cm  | 1 m =       mm
f) 1 km =     dm   | 1 hm =     cm  | 1 dam =     mm

**2** Completar:

a) 1 dm =     m    | 1 cm =     m   | 1 mm =      m
b) 1 m =      dam  | 1 hm =     km  | 1 dam =     km
c) 1 m =      hm   | 1 mm =     dm  | 1 m =       km
d) 1 cm =     dm   | 1 dm =     dam | 1 mm =      dam
e) 1 dam =    hm   | 1 dm =     hm  | 1 cm =      dam
f) 1 dm =     km   | 1 cm =     km  | 1 mm =      hm

**3** Completar, usando potência de base 10.

a) 1 km =     m    | 1 km =     dm  | 1 km =      cm
b) 1 hm =     m    | 1 hm =     dm  | 1 hm =      mm
c) 1 dam =    cm   | 1 m =      mm  | 1 m =       dm
d) 1 km =     mm   | 1 hm =     cm  | 1 dam =     mm
e) 1 km =     hm   | 1 km =     dam | 1 hm =      dam

| km | hm | dam | m | dm | cm | mm |

**4** Completar, usando potência de base 10.

Lembre-se de que: $0{,}001 = \dfrac{1}{1000} = \dfrac{1}{10^3} = 10^{-3}$ , $0{,}0001 = 10^{-4}$.

a) 1 m =                     dam          | 1 cm =                     dm

b) 1 mm =                    dm           | 1 m =                      hm

c) 1 cm =                    dam          | 1 cm =                     hm

d) 1 mm =                    hm           | 1 dm =                     km

e) 1 cm =                    km           | 1 m =                      km

**5** Completar:

a) 2,785 m =              dm =              cm =              mm

b) 7432,5 m =             dam =             hm =              km

c) 52 m =                 hm =              cm =              dam

d) 0,052 km =             m =               cm =              mm

e) 7 m =                  km =              dam =             cm

f) 5000 mm =              m =               cm =              hm

**6** Deixando a vírgula onde está, multiplicando por uma potência conveniente de base 10, transformar em metros as seguintes medidas:

a) 2,78 km =              | 3,1 hm =

b) 3,16 dam =             | 4,1 cm =

c) 2,25 dm =              | 3,7 mm =

**7** Expressar em um número de metros, com apenas um algarismo e não nulo, antes da vírgula, as seguintes medidas:

a) 324,7 km = 324700 m = $3{,}247 \cdot 10^5$ m (ou $3{,}247 \cdot 10^2$ km = $3{,}247 \cdot 10^2 \cdot 10^3$ m) = $3{,}247 \cdot 10^5$ m

b) 735,6 hm =

c) 6412 km =

d) 547000 cm =

e) 0,071 km =

f) 0,273 cm =

g) 0,0421 mm =

## B – Regiões planas (áreas)

| múltiplos do m² | | | Unidade | submúltiplos do m² | | |
|---|---|---|---|---|---|---|
| quilômetro quadrado | hectômetro quadrado | decâmetro quadrado | metro quadrado | decímetro quadrado | centímetro quadrado | milímetro quadrado |
| km² | hm² | dam² | m² | dm² | cm² | mm² |
| 1 000 000 m² | 10000 m² | 100 m² | 1 m² | 0,01 m² | 0,0001 m² | 0,000001 m² |

Em verdadeira grandeza:

◻ ⟵ 1 mm²

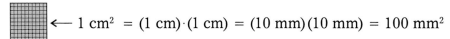

⟵ 1 cm² = (1 cm)·(1 cm) = (10 mm)(10 mm) = 100 mm²

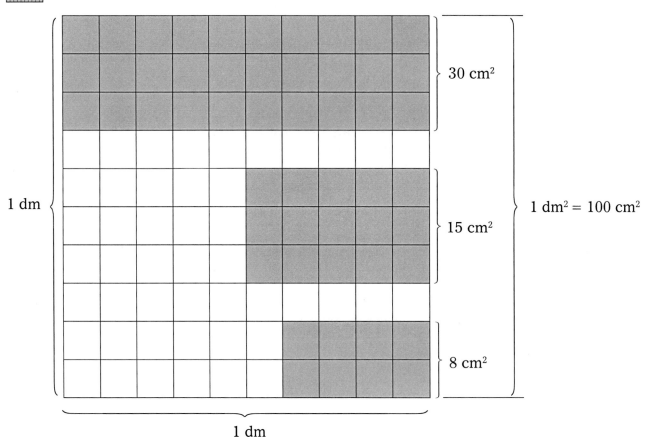

**Exemplo**: 100 cm² = (10 cm)(10 cm) = (100 mm)(100 mm) = 10000 mm²

Da mesma forma obtemos:

1) 1 m² = (1 m)(1 m) = (10 dm)(10 dm) = 100 dm²

2) 1 m² = 100 dm² = 100 (1 dm²) = 100 (100 cm²) = 10 000 cm²

3) 1 dam² = (1 dam)(1 dam) = (10 m)(10 m) = 100 m²

4) 1 hm² = (1 hm)(1 hm) = (100 m)(100 m) = 10000 m²

5) 1 km² = (1 km)(1 km) = (1000 m)(1000 m) = 1 000 000 m²

**Exemplo**:

1) $1 \text{ km}^2 = 100 \text{ hm}^2$ ; $1 \text{ hm}^2 = 100 \text{ dam}^2$ ; $1 \text{ dam}^2 = 100 \text{ m}^2$

2) $1 \text{ km}^2 = 100 \, (1 \text{ hm}^2) = 100 \, (100 \text{ dam}^2) = 10000 \text{ dam}^2 = 10^4 \text{ dam}^2$

3) $1 \text{ km}^2 = 10^4 \text{ dam}^2 = 10^4 \, (1 \text{ dam}^2) = 10^4 \cdot (100 \text{ m}^2) = 10^4 \cdot 10^2 \text{ m}^2 = 10^6 \text{ m}^2$

4) $1 \text{ km}^2 = 10^6 \text{ m}^2 = 10^6 \cdot (1 \text{ m}^2) = 10^6 \cdot (100 \text{ dm}^2) = 10^6 \cdot 10^2 \text{ dm}^2 = 10^8 \text{ dm}^2$

5) $100 \text{ cm}^2 = 1 \text{ dm}^2 \implies 100 \, (1 \text{ cm}^2) = 1 \text{ dm}^2 \implies 1 \text{ cm}^2 = \frac{1}{100} \text{ dm}^2 \implies 1 \text{ cm}^2 = 0{,}01 \text{ dm}^2$ ou $1 \text{ cm}^2 = \frac{1}{10^2} \text{ dm}^2 \implies 1 \text{ cm}^2 = 10^{-2} \text{ dm}^2$

Da mesma forma:

6) $1 \text{ mm}^2 = 0{,}01 \text{ cm}^2$ ou $1 \text{ mm}^2 = 10^{-2} \text{ cm}^2$

7) $1 \text{ m}^2 = 0{,}01 \text{ dam}^2$ ou $1 \text{ m}^2 = 10^{-2} \text{ dam}^2$

8) $1 \text{ dam}^2 = 0{,}0001 \text{ km}^2$ ou $1 \text{ dam}^2 = 10^{-4} \text{ km}^2$

9) $17843 \text{ m}^2 = 178{,}43 \text{ dam}^2 = 1{,}7843 \text{ hm}^2 = 0{,}017843 \text{ km}^2$

10) $0{,}03481 \text{ km}^2 = 3{,}481 \text{ hm}^2 = 348{,}1 \text{ dam}^2 = 34810 \text{ m}^2 = 3481000 \text{ dm}^2$

---

**8** Completar:

a) $1 \text{ km}^2 =$ _____ $\text{hm}^2$ | $1 \text{ hm}^2 =$ _____ $\text{dam}^2$ | $1 \text{ dam}^2 =$ _____ $\text{m}^2$

b) $1 \text{ m}^2 =$ _____ $\text{dm}^2$ | $1 \text{ dm}^2 =$ _____ $\text{cm}^2$ | $1 \text{ cm}^2 =$ _____ $\text{mm}^2$

c) $1 \text{ hm}^2 =$ _____ $\text{m}^2$ | $1 \text{ km}^2 =$ _____ $\text{dam}^2$ | $1 \text{ dm}^2 =$ _____ $\text{mm}^2$

d) $1 \text{ m}^2 =$ _____ $\text{cm}^2$ | $1 \text{ dam}^2 =$ _____ $\text{dm}^2$ | $1 \text{ km}^2 =$ _____ $\text{m}^2$

e) $1 \text{ hm}^2 =$ _____ $\text{dm}^2$ | $1 \text{ dam}^2 =$ _____ $\text{cm}^2$ | $1 \text{ m}^2 =$ _____ $\text{mm}^2$

**9** Completar:

a) $1 \text{ dm}^2 =$ _____ $\text{m}^2$ | $1 \text{ hm}^2 =$ _____ $\text{km}^2$ | $1 \text{ mm}^2 =$ _____ $\text{cm}^2$

b) $1 \text{ dam}^2 =$ _____ $\text{hm}^2$ | $1 \text{ cm}^2 =$ _____ $\text{dm}^2$ | $1 \text{ m}^2 =$ _____ $\text{hm}^2$

c) $1 \text{ dam}^2 =$ _____ $\text{km}^2$ | $1 \text{ mm}^2 =$ _____ $\text{dm}^2$ | $1 \text{ cm}^2 =$ _____ $\text{m}^2$

d) $1 \text{ m}^2 =$ _____ $\text{km}^2$ | $1 \text{ mm}^2 =$ _____ $\text{m}^2$ | $1 \text{ dm}^2 =$ _____ $\text{hm}^2$

**10** Completar, usando potência de base 10.

a) $1 \text{ km}^2 =$ _____ $\text{m}^2$ | $1 \text{ hm}^2 =$ _____ $\text{m}^2$ | $1 \text{ hm}^2 =$ _____ $\text{dm}^2$

b) $1 \text{ km}^2 =$ _____ $\text{dm}^2$ | $1 \text{ hm}^2 =$ _____ $\text{cm}^2$ | $1 \text{ km}^2 =$ _____ $\text{cm}^2$

c) $1 \text{ dam}^2 =$ _____ $\text{cm}^2$ | $1 \text{ km}^2 =$ _____ $\text{dam}^2$ | $1 \text{ dam}^2 =$ _____ $\text{mm}^2$

d) $1 \text{ m}^2 =$ _____ $\text{mm}^2$ | $1 \text{ km}^2 =$ _____ $\text{mm}^2$ | $1 \text{ dm}^2 =$ _____ $\text{mm}^2$

---

**Resp:**

**1** a) 10 ; 10 ; 10  b) 10 ; 10 ; 10  c) 100 ; 100 ; 100  d) 100 ; 100 ; 1000  e) 1000 ; 1000 ; 1000  f) 10000 ; 10000 ; 10000

**2** a) 0,1 ; 0,01 ; 0,001  b) 0,1 ; 0,1 ; 0,01  c) 0,01 ; 0,01 ; 0,001  d) 0,1 ; 0,01 ; 0,0001  e) 0,1 ; 0,001 ; 0,001  f) 0,0001 ; 0,00001 ; 0,000001

**3** a) $10^3$ ; $10^4$ ; $10^5$  b) $10^2$ ; $10^3$ ; $10^5$  c) $10^3$ ; $10^3$ ; 10  d) $10^6$ ; $10^4$ ; $10^4$  e) 10 ; $10^2$ ; 10

**4** a) $10^{-1}$ ; $10^{-1}$  b) $10^{-2}$ ; $10^{-2}$  c) $10^{-3}$ ; $10^{-4}$  d) $10^{-5}$ ; $10^{-4}$  e) $10^{-5}$ ; $10^{-3}$

**5** a) 27,85 dm = 278,5 cm = 2785 mm  b) 743,25 dam = 74,325 hm = 7,4325 km  c) 0,52 hm = 5200 cm = 5,2 dam  d) 52 m = 5200 cm = 52000 mm  e) 0,007 km = 0,7 dam = 700 cm  f) 5 m = 500 cm = 0,05 hm

**6** a) $2{,}78 \cdot 10^3 \text{ m}$ ; $3{,}1 \cdot 10^2 \text{ m}$  b) $3{,}16 \cdot 10 \text{ m}$ ; $4{,}1 \cdot 10^{-2} \text{ m}$  c) $2{,}25 \cdot 10^{-1} \text{ m}$ ; $3{,}7 \cdot 10^{-3} \text{ m}$

**7** a) $3{,}247 \cdot 10^5 \text{ m}$  b) $7{,}356 \cdot 10^4 \text{ m}$  c) $6{,}412 \cdot 10^6 \text{ m}$  d) $5{,}47 \cdot 10^3 \text{ m}$  e) $7{,}1 \cdot 10 \text{ m}$  f) $2{,}73 \cdot 10^{-3}$  g) $4{,}21 \cdot 10^{-5} \text{ m}$

**11** Completar, usando potência de base 10.

a) 1 m² = _____ dam²    | 1 hm² = _____ km²
b) 1 cm² = _____ m²     | 1 dm² = _____ dam²
c) 1 mm² = _____ m²     | 1 dm² = _____ hm²
d) 1 mm² = _____ hm²    | 1 cm² = _____ km²
e) 1 dm² = _____ km²    | 1 cm² = _____ dam²

**12** Completar:

a) 3,4897 m² = _____ dm² = _____ cm² = _____ mm²
b) 479860 m² = _____ dam² = _____ hm² = _____ km²
c) 49 m² = _____ dm² = _____ cm² = _____ mm²
d) 0,002 hm² _____ dam² = _____ cm² = _____ m²
e) 9 m² = _____ dam² = _____ cm² = _____ hm²
f) 0,07 hm² = _____ dm² = _____ km² = _____ cm²

**13** Deixando a vírgula onde está, multiplicando por uma potência conveniete de base 10, transformar em metros quadrados as seguintes medidas:

a) 3,41 dam² =          | 7,41 hm² =
b) 3,41 km² =           | 1,47 cm² =
c) 9,45 dm² =           | 6,08 mm² =

**14** Expressar em número de metros quadrados, com apenas um algarismo e não nulo, antes da vírgula, as seguintes medidas:

a) 24180 dam² = 2418000 m² = 2,418 · 10⁶ m² (ou 2,418 · 10⁴ dam² = 2,418 · 10⁴ · 10² m² = ...)

b) 342 hm² =

c) 2318 km² =

d) 0,0071 hm² =

e) 0,0002 km² =

f) 72813 dm² =

g) 4100 mm² =

h) 0,342 cm² =

i) 0,007 mm² =

# C – Sólidos (Volumes)

| múltiplos do m³ | | | Unidade | submúltiplos do m³ | | |
|---|---|---|---|---|---|---|
| quilômetro cúbico | hectômetro cúbico | decâmetro cúbico | metro cúbico | decímetro cúbico | centímetro cúbico | milímetro cúbico |
| km³ | hm³ | dam³ | m³ | dm³ | cm³ | mm³ |
| 1000 000 000 m³ | 1000 000 m³ | 1000 m³ | 1 m³ | 0,001 m³ | 0,000 001 m³ | 0,000 000 001 m³ |

Vamos considerar:

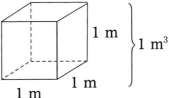

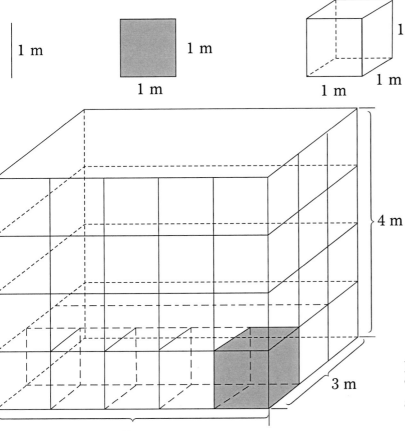

Volume = V

V = (5 m)(3 m)(4 m)

V = 60 m³

Em dm³, temos:

V = (5m)(3 m)(4 m)

V = (50 dm)(30 dm)(40 dm)

V = 60 000 dm³

Note que 5 cubos de 1 m³ formam uma "fila" e que 3 "filas" de 5 cubos formam a primeira "camada".

Então na primeira "camada" temos 3 · 5 = 15 cubos de 1m³. Como temos 4 "camadas", o bloco retangular dado tem 4 · 15 = 60 cubos de 1 m³. Então, este sólido tem 60 m³.

Note que:

1) 1m³ = (1 m)(1 m)(1 m) = (10 dm)(10 dm)(10 dm) = 1000 dm³

2) 1 dm³ = (1 dm)(1 dm)(1 dm) = (10 cm)(10 cm)(10 cm) = 1000 cm³

3) 1 cm³ = (1 cm)³ = (10 mm)³ = 1000 mm³

4) 1 dam³ = (1 dam)³ = (10 m)³ = 1000 m³

5) 1 hm³ = (1 hm)³ = (100 m)³ = 1000 000 m³ = $10^6$ m³

**Resp:** **8** a) 100 ; 100 ; 100   b) 100 ; 100 ; 100   c) 10 000 ; 10 000 ; 10 000   d) 10 000 ; 10 000 ; 1000 000
e) 1000 000 ; 1000 000 ; 1000 000   **9** a) 0,01 ; 0,01 ; 0,01   b) 0,01 ; 0,01 ; 0,0001   c) 0,0001 ; 0,0001 ; 0,0001
d) 0,000 001 ; 0,000 001 ; 0,000 001
**10** a) $10^6$ ; $10^4$ ; $10^6$   b) $10^8$ ; $10^8$ ; $10^{10}$   c) $10^6$ ; $10^4$ ; $10^8$   d) $10^6$ ; $10^{12}$ ; $10^4$

**Exemplos:**

1) $1 \text{ km}^3 = (1 \text{ km})^3 = (1000 \text{ m})^3 = (10^3 \text{ m})^3 = 10^9 \text{ m}^3 = 1\,000\,000\,000 \text{ m}^3$

2) $1 \text{ hm}^3 = (1 \text{ hm})^3 = (100 \text{ m})^3 = (100 \cdot 100 \text{ cm})^3 = (10^4 \text{ cm})^3 = 10^{12} \text{ cm}^3$

3) $1000 \text{ dm}^3 = 1 \text{ m}^3 \Longrightarrow 1000 \,(1 \text{ dm}^3) = 1 \text{m}^3 \Longrightarrow 1 \text{ dm}^3 = \dfrac{1}{1000} \text{m}^3 \Longrightarrow 1 \text{ dm}^3 = 0{,}001 \text{ cm}^3$ ou
$1 \text{ dm}^3 = \dfrac{1}{10^3} \text{m}^3 \Longrightarrow 1 \text{ dm}^3 = 10^{-3} \text{ m}^3$

Da mesma forma:

4) $1 \text{ mm}^3 = 0{,}001 \text{ cm}^3$ ou $1 \text{ mm}^3 = 10^{-3} \text{ cm}^3$

5) $1 \text{ cm}^3 = 0{,}001 \text{ dm}^3$ ou $1 \text{ cm}^3 = 10^{-3} \text{ dm}^3$

6) $1 \text{ hm}^3 = 0{,}001 \text{ km}^3$ ou $1 \text{ hm}^3 = 10^{-3} \text{ km}^3$

7) $2345700 \text{ m}^3 = 2345{,}7 \text{ dam}^3 = 2{,}3457 \text{ hm}^3 = 0{,}0023457 \text{ km}^3$

8) $0{,}0003518 \text{ km}^3 = 0{,}3518 \text{ hm}^3 = 351{,}8 \text{ dam}^3 = 351800 \text{ m}^3$

---

**15** Completar:

a) $1 \text{ m}^3 = \underline{\qquad} \text{ dm}^3$ | $1 \text{ dm}^3 = \underline{\qquad} \text{ cm}^3$ | $1 \text{ cm}^3 = \underline{\qquad} \text{ mm}^3$

b) $1 \text{ km}^3 = \underline{\qquad} \text{ hm}^3$ | $1 \text{ hm}^3 = \underline{\qquad} \text{ dam}^3$ | $1 \text{ dam}^3 = \underline{\qquad} \text{ m}^3$

c) $1 \text{ m}^3 = \underline{\qquad} \text{ cm}^3$ | $1 \text{ km}^3 = \underline{\qquad} \text{ dam}^3$ | $1 \text{ dm}^3 = \underline{\qquad} \text{ mm}^3$

d) $1 \text{ hm}^3 = \underline{\qquad} \text{ m}^3$ | $1 \text{ dam}^3 = \underline{\qquad} \text{ cm}^3$ | $1 \text{ km}^3 = \underline{\qquad} \text{ m}^3$

**16** Completar:

a) $1 \text{ dm}^3 = \underline{\qquad} \text{ m}^3$ | $1 \text{ mm}^3 = \underline{\qquad} \text{ cm}^3$ | $1 \text{ cm}^3 = \underline{\qquad} \text{ dm}^3$

b) $1 \text{ hm}^3 = \underline{\qquad} \text{ km}^3$ | $1 \text{ m}^3 = \underline{\qquad} \text{ dam}^3$ | $1 \text{ dam}^3 = \underline{\qquad} \text{ hm}^3$

c) $1 \text{ cm}^3 = \underline{\qquad} \text{ m}^3$ | $1 \text{ m}^3 = \underline{\qquad} \text{ hm}^3$ | $1 \text{ dam}^3 = \underline{\qquad} \text{ km}^3$

d) $1 \text{ mm}^3 = \underline{\qquad} \text{ dm}^3$ | $1 \text{ dm}^3 = \underline{\qquad} \text{ dam}^3$ | $1 \text{ m}^3 = \underline{\qquad} \text{ km}^3$

**17** Completar, usando potência de base 10.

a) $1 \text{ km}^3 = \underline{\qquad} \text{ m}^3$ | $1 \text{ km}^3 = \underline{\qquad} \text{ dm}^3$

b) $1 \text{ hm}^3 = \underline{\qquad} \text{ m}^3$ | $1 \text{ dam}^3 = \underline{\qquad} \text{ cm}^3$

c) $1 \text{ m}^3 = \underline{\qquad} \text{ cm}^3$ | $1 \text{ dm}^3 = \underline{\qquad} \text{ mm}^3$

d) $1 \text{ km}^3 = \underline{\qquad} \text{ cm}^3$ | $1 \text{ km}^3 = \underline{\qquad} \text{ mm}^3$

e) $1 \text{ hm}^3 = \underline{\qquad} \text{ mm}^3$ | $1 \text{ hm}^3 = \underline{\qquad} \text{ cm}^3$

f) $1 \text{ dam}^3 = \underline{\qquad} \text{ dm}^3$ | $1 \text{ dam}^3 = \underline{\qquad} \text{ mm}^3$

g) $1 \text{ m}^3 = \underline{\qquad} \text{ dm}^3$ | $1 \text{ m}^3 = \underline{\qquad} \text{ mm}^3$

**18** Completar, usando potência de base 10.

a) 1 m³ = ____ dam³
b) 1 dam³ = ____ km³
c) 1 cm³ = ____ dam³
d) 1 cm³ = ____ km³

1 cm³ = ____ m³
1 m³ = ____ km³
1 dm³ = ____ hm³
1 mm³ = ____ dam³

**19** Completar:

a) 1,2345 m³ = ____ dm³ = ____ cm³ = ____ mm³

b) 235756 m³ = ____ dam³ = ____ hm³ = ____ km³

c) 71 m³ = ____ cm³ = ____ dam³ = ____ mm³

d) 0,00005 hm³ = ____ dam³ = ____ km³ = ____ m³

e) 6 dm³ = ____ cm³ = ____ hm³ = ____ mm³

**20** Deixando a vírgula onde está, multiplicando por uma potência conveniente de base 10, transformar em metros cúbicos as seguintes medidas.

a) 2,91 dam³ =
b) 1,25 dm³ =
c) 6,18 hm³ =

3,01 km³ =
5,18 cm³ =
2,108 mm³ =

**21** Expressar em número de metros cúbicos, com apenas um algarismo e não nulo, antes da vírgula, as seguintes medidas:

a) 23410 dam³ = 23410000 m³ = 2,341 · 10⁷ m³ (ou 2,341 · 10⁴ dam³ = 2,341 · 10⁴ · 10³ m³ = ...)

b) 132 hm³ =

c) 1618 km³ =

d) 618 cm³ =

e) 0,0413 dam³ =

f) 0,0021 cm³ =

g) 30100 mm³ =

h) 314 dm³ =

i) 0,00032 mm³ =

**Resp:** **11** a) $10^{-2}$ ; $10^{-2}$   b) $10^{-4}$ ; $10^{-4}$   c) $10^{-6}$ ; $10^{-6}$   d) $10^{-10}$ ; $10^{-10}$   e) $10^{-8}$ ; $10^{-6}$

**12** a) 348,97 dm² = 34897 cm² = 3489700 mm²   b) 4798,6 dam = 47,986 hm² = 0,47986 km²
c) 4900 dm² = 490 000 cm² = 49 000 000 mm²   d) 0,2 dam² = 200 000 cm² = 20 m²
e) 0,09 dam² = 90 000 cm² = 0,0009 hm²   f) 70 000 dm² = 0,0007 km² = 7000 000 cm²

**13** a) $10^2$ ; $10^4$   b) $10^6$ ; $10^{-4}$   c) $10^{-2}$ ; $10^{-6}$   **14** a) $2,418 \cdot 10^6$ m²   b) $3,42 \cdot 10^6$ m²   c) $2,318 \cdot 10^9$ m²
d) $7,1 \cdot 10$ m²   e) $2 \cdot 10^2$ m²   f) $7,2813 \cdot 10^2$ m²   g) $4,1 \cdot 10^{-3}$ m²   h) $3,42 \cdot 10^{-5}$ m² i) $7 \cdot 10^{-9}$ m²

**22** Transformar em m, m² ou m³, conforme for o caso, com apenas um algarismo e não nulo, antes da vírgula, as seguintes medidas:

a) $351{,}3 \cdot 10^8$ cm =

b) $0{,}00025 \cdot 10^{-3}$ dam² =

c) $125 \cdot 10^{15}$ mm³ =

d) $0{,}000075 \cdot 10^{-3}$ km² =

e) $0{,}0031 \cdot 10^{-8}$ km =

f) $0{,}021 \cdot 10^{-5}$ hm³ =

g) $52300 \cdot 10^7$ cm² =

h) $570000 \cdot 10^{-7}$ km³ =

**23** Obtenha os resultados em m, m² ou m³, conforme for o caso:

| | |
|---|---|
| a) 3454 mm + 0,0318 dam + 0,03 hm | b) 0,00512 hm² + 327000 cm² |
| c) 32445 dm³ + 0,000019675 hm³ | d) 2143,2 cm + 0,0784 hm − 5480 mm |
| e) $300{,}56 \cdot 10^{-7}$ km² − $0{,}1937 \cdot 10^8$ mm² | f) $0{,}001804 \cdot 10^{10}$ cm³ − $1980 \cdot 10^{-12}$ km³ |

g) $3142 \cdot 10^{11}$ mm² + $5{,}8 \cdot 10^2$ hm² + $0{,}4138 \cdot 10^{13}$ dm²

# Resumo das transformações de unidades

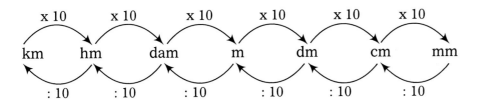

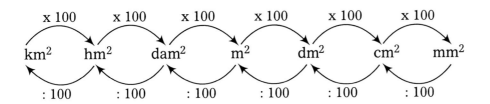

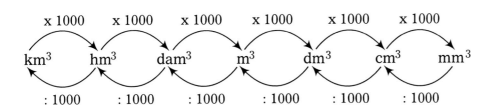

Mais múltiplos e submúltiplos do metro

megametro (Mm): 1 Mm = $10^6$ m

gigametro (Gm): 1 Gm = $10^9$ m

Terametro (Tm): 1 Tm = $10^{12}$ m

micrometro (μm): 1 μm = $10^{-6}$ m

nanometro (nm) = 1 nm = $10^{-9}$ m

picometro (pm) = 1 pm = $10^{-12}$ m

---

Resp: **15** a) 1000 ; 1000 ; 1000   b) 1000 ; 1000 ; 1000   c) 1 000 000 ; 1 000 000 ; 1 000 000

d) 1 000 000 ; 1 000 000 000 ; 1 000 000 000   **16** a) 0,001 ; 0,001 ; 0,001   b) 0,001 ; 0,001 ; 0,001

c) 0,000 001 ; 0,000 001 ; 0,000 001   d) 0,000 001 ; 0,000 001 ; 0,000 000 001

**17** a) $10^9$ ; $10^{12}$   b) $10^6$ ; $10^9$   c) $10^6$ ; $10^6$   d) $10^{15}$ ; $10^{18}$   e) $10^{15}$ ; $10^{12}$   f) $10^6$ ; $10^{12}$   g) $10^3$ ; $10^9$

**18** a) $10^{-3}$ ; $10^{-6}$   b) $10^{-6}$ ; $10^{-9}$   c) $10^{-9}$ ; $10^{-9}$   d) $10^{-15}$ ; $10^{-12}$

**19** a) 1234,5 dm³ = 1234500 cm³ = 1234500 000 mm³   b) 235,756 dam³ = 0,235756 hm³ = 0,000 235 756 km³

c) 71 000 000 cm³ = 0,071 dam³ = 71 000 000 000 mm³   d) 0,05 dam³ = 0,000 000 05 km³ = 50 m³

e) 6000 cm³ = 0,000 000 006 hm³ = 6000 000 mm³   **20** a) $2,91 \cdot 10^3$ m³ ; $3,01 \cdot 10^9$ m³   b) $1,25 \cdot 10^{-3}$ m³ ; $5,18 \cdot 10^{-6}$ m³

c) $6,18 \cdot 10^6$ m³ ; $2,108 \cdot 10^{-9}$ m³   **21** a) $2,341 \cdot 10^7$ m³   b) $1,32 \cdot 10^8$ m³   c) $1,618 \cdot 10^{12}$ m³   d) $6,18 \cdot 10^{-4}$ m³

e) $4,13 \cdot 10$ m³   f) $2,1 \cdot 10^{-9}$ m³   g) $3,01 \cdot 10^{-5}$ m³   h) $3,14 \cdot 10^{-1}$ m³   i) $3,2 \cdot 10^{-13}$ m³

**22** a) $3,513 \cdot 10^8$ m   b) $2,5 \cdot 10^{-5}$ m   c) $1,25 \cdot 10^8$ m³   d) $7,5 \cdot 10^{-2}$ m²   e) $3,1 \cdot 10^{-8}$ m   f) $2,1 \cdot 10^{-1}$ m³

g) $5,23 \cdot 10^7$ m²   h) $5,7 \cdot 10^7$ m³   **23** a) 6,772 m   b) 83,9 m²   c) 52,12 m³   d) 23,792 m

e) 10,686 m²   f) 16,06 m³   g) $4,17 \cdot 10^{10}$ m²

Impressão e Acabamento
Bartira
Gráfica
(011) 4393-2911